AF185989

Die Erfindung des Voodoo

Spiritismus, Kult und Geheimnisse

Eine Betrachtung

von

Lutz Spilker

DIE ERFINDUNG DES VOODOO – SPIRITISMUS, KULT UND GEHEIMNISSE

Bibliografische Information der Deutschen Nationalbibliothek:
Die Deutsche Nationalbibliothek verzeichnet diese Publikation in der Deutschen Nationalbibliografie; detaillierte bibliografische Daten sind im Internet über http://dnb.dnb.de abrufbar.

Softcover ISBN: 978-3-384-31304-1
Ebook ISBN: 978-3-384-31305-8

© 2023 by Lutz Spilker
https://www.webbstar.de
Druck und Distribution im Auftrag des Autors:
tredition GmbH, An der Strusbek 10, 22926 Ahrensburg, Germany

Die im Buch verwendeten Grafiken entsprechen den
Nutzungsbestimmungen der Creative-Commons-Lizenzen (CC).

Inhalt

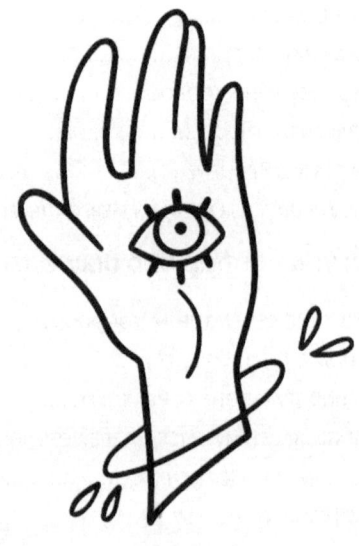

Voodoo Weisheiten aus aller Welt

Weisheit kann man nicht wie Geld in einem Beutel tun und verbergen.

Jede gute Tat macht sich bezahlt.

Man wandert besser allein als in schlechter Gesellschaft.

Halte deine Freunde mit beiden Händen.

Auch Kinder einer Mutter sind nicht immer einer Meinung.

Wer mit dir schwatzt, wird auch über dich schwatzen.

Der Ruin einer Nation fängt in der Familie an.

Unwissend zu sein ist schlimm, nichts wissen zu wollen noch schlimmer.

Glücklich zu sein ist besser als König zu sein.

Du hast drei Freunde auf der Welt: Mut, Verstand und Weisheit.

Wer Fragen stellt muss auch akzeptieren, dass er Antworten bekommt.

Gott schuf das Meer, wir das Schiff. Gott schuf den Wind, wir die Segel.
Gott schuf die Windstille, wir die Ruder.

Klage nicht darüber, dass Gott den Tiger geschaffen hat, sondern danke Ihm,
dass er Ihm keine Flügel gegeben hat.

Fürchte dich nicht, das zu tun, wobei du dich im Recht fühlst.

Wo man keine Scham empfindet, da empfindet man auch keine Ehre.

Wer angibt, kann meist nur wenig.

Glücklich sind die, die sich selbst genügen.

Soll ein Kind Erfolg haben, darf es nicht nur auf Daunen gebettet werden.

Der Mond bewegt sich langsam, aber schließlich hat er doch die Stadt überquert.

Der Hund bellt nicht aus Stärke, sondern aus Furcht.

Hektik und Sorgen sind kein Zeichen von Stärke.

Wird' erst selbst gesund bevor du andere zu heilen beginnst.

Vorwort

Liebe Leserinnen und Leser,

es ist mir eine außerordentliche Freude und Ehre, Ihnen dieses Buch vorzustellen. In den folgenden Seiten lade ich Sie ein, sich auf eine faszinierende Reise durch die tiefen und geheimnisvollen Gefilde der Voodoo-Religion zu begeben. Doch bevor Sie sich in die Seiten dieses Buches vertiefen, möchte ich Ihnen einige Gedanken und Einblicke teilen, die uns auf diesem Weg begleiten werden.

Voodoo, ein Wort, das oft Mysterien und Missverständnisse hervorruft, ist weit mehr als ein exotisches Schlagwort oder ein Klischee aus Hollywoodfilmen. Es ist eine uralte Glaubenspraxis, die Wurzeln in den afrikanischen Savannen hat und sich im Laufe der Jahrhunderte in den vielfältigen Kulturen der Karibik und des amerikanischen Südens verwurzelt hat. ›Die Erfindung des Voodoo‹ ist ein Versuch, das komplexe Geflecht von Geschichte, Kultur, Spiritualität und Praxis zu entwirren, das diese faszinierende Religion ausmacht.

Unser Weg beginnt mit einem Blick zurück in die Vergangenheit, zu den Ursprüngen des Voodoo in den afrikanischen Gesellschaften, die durch den transatlantischen Sklavenhandel zerrissen wurden. Wir werden die Spuren verfolgen, die diese Menschen hinterließen, als sie ihre alten Glaubensvorstellungen in die Neue Welt brachten und sie mit den katholischen Bräuchen ihrer neuen Herren vermischten. Durch diese Synthese entstand eine Religion von unvergleichlicher Tiefe und Vielfalt, die bis heute die Herzen und Geister vieler Menschen berührt.

Doch ›Die Erfindung des Voodoo‹ ist nicht nur eine Reise in die Vergangenheit, sondern auch eine Erkundung der Gegenwart und Zukunft dieser faszinierenden Religion. Wir werden die lebendige Praxis des Voodoo in den Straßen von Port-au-Prince und New Orleans erleben, die Rituale und Zeremonien, die den Alltag der Gläubigen prägen, und die Rolle, die Voodoo in der heutigen globalisierten Welt spielt.

Es ist mein aufrichtiger Wunsch, dass dieses Buch Ihnen nicht nur Wissen vermittelt, sondern auch Verständnis und Respekt für eine der ältesten und zugleich am meisten missverstandenen Religionen der Welt. Möge es dazu beitragen, die Grenzen zu überwinden, die uns oft voneinander trennen, und uns dabei helfen, die tiefere Einheit und Verbundenheit aller menschlichen Erfahrungen zu erkennen.

In diesem Sinne wünsche ich Ihnen eine inspirierende und erkenntnisreiche Lektüre von ›Die Erfindung des Voodoo‹.

Mit herzlichen Grüßen,

Lutz Spilker

Die Ursprünge des Voodoo in Afrika

Die Geschichte des Voodoo beginnt auf dem afrikanischen Kontinent, wo die Grundlagen dieser faszinierenden Religion vor Jahrhunderten gelegt wurden. In den weiten Savannen, dichten Wäldern und lebhaften Dörfern Westafrikas entwickelte sich eine spirituelle Tradition, die sich durch ihre tiefe Verbindung zur Natur und zur Gemeinschaft auszeichnet. Die Religion, die wir heute als Voodoo kennen, hat ihre Wurzeln in den animistischen Glaubenssystemen und Praktiken der westafrikanischen Völker, insbesondere der Fon, Yoruba und Ewe.

Spirituelle Konzepte und Glaubensvorstellungen

Im Zentrum der afrikanischen Glaubenssysteme steht die Überzeugung, dass die Welt von spirituellen Kräften durchdrungen ist. Diese Kräfte, die oft als Ahnengeister, Naturgeister oder Götter betrachtet werden, spielen eine entscheidende Rolle im täglichen Leben der Menschen. Sie beeinflussen das Wetter, die Ernte, die Gesundheit und das Wohlergehen der Gemeinschaft. Diese spirituelle Welt ist eng mit der physischen Welt verflochten, und es gibt keine klare Trennung zwischen beiden.

Die westafrikanischen Religionen betonen die Bedeutung der Ahnenverehrung. Die Ahnen werden als mächtige spirituelle Wesen angesehen, die weiterhin in der Welt der Lebenden präsent sind und Einfluss auf deren Schicksal haben. Rituale und

Opfergaben an die Ahnen sind daher zentrale Bestandteile der religiösen Praxis. Diese Traditionen der Ahnenverehrung fanden ihren Weg in die Voodoo-Religion und sind bis heute von großer Bedeutung.

Rituale und Praktiken

Die spirituellen Praktiken der westafrikanischen Völker sind vielfältig und reich an Symbolik. Rituale spielen eine zentrale Rolle im Leben der Gemeinschaft und dienen dazu, die Beziehung zu den spirituellen Kräften zu pflegen und zu stärken. Diese Rituale umfassen Tänze, Gesänge, Trommelmusik, Opfergaben und Trancezustände.

Ein wichtiger Aspekt der westafrikanischen Spiritualität ist die Vorstellung der Besessenheit durch Geister. In vielen Ritualen wird versucht, die Geisterwelt direkt zu kontaktieren und Geister in den Körper eines Menschen eintreten zu lassen. Diese Trancezustände ermöglichen es dem Individuum, als Medium zwischen der physischen und der spirituellen Welt zu fungieren, und sie spielen eine zentrale Rolle in der religiösen Praxis des Voodoo.

Die Verwendung von heiligen Objekten und Symbolen ist ebenfalls weit verbreitet. Diese Objekte, oft in Form von Amuletten, Statuen oder rituellen Werkzeugen, sind Träger spiritueller Kraft und werden in Zeremonien verwendet, um den Kontakt zur Geisterwelt herzustellen oder Schutz zu bieten.

Die Rolle der Natur

Die Natur spielt eine wesentliche Rolle in den westafrikanischen Religionen. Flüsse, Berge, Wälder und Tiere werden als heilig betrachtet und sind oft Wohnorte von Geistern und Göttern. Diese heiligen Orte sind zentrale Schauplätze für Rituale und Zeremonien. Der Respekt und die Ehrfurcht vor der Natur sind tief in den spirituellen Praktiken verankert und spiegeln sich in der Voodoo-Religion wider.

Die Gemeinschaft als spirituelle Einheit

Ein weiterer grundlegender Aspekt der westafrikanischen Spiritualität ist die Bedeutung der Gemeinschaft. Die spirituellen Praktiken und Rituale sind oft gemeinschaftliche Ereignisse, die das soziale Gefüge stärken und die kollektive Identität der Gruppe fördern. Die Teilnahme an diesen Ritualen ist für die Gemeinschaft von großer Bedeutung und bietet den Mitgliedern die Möglichkeit, ihre Verbindung zueinander und zur spirituellen Welt zu erneuern.

Die Rolle des Priesters oder Schamanen ist in diesen Gemeinschaften ebenfalls von großer Bedeutung. Diese spirituellen Führer fungieren als Vermittler zwischen den Menschen und den Geistern, leiten Rituale, bieten spirituelle Beratung und Heilung an. Ihre Kenntnisse und Fähigkeiten werden von Generation zu Generation weitergegeben und sind ein wesentlicher Bestandteil der kulturellen Kontinuität.

Der Übergang in die Neue Welt

Mit dem Beginn des transatlantischen Sklavenhandels wurden Millionen von Afrikanern gewaltsam aus ihren Heimatländern verschleppt und in die Neue Welt gebracht. Trotz der unmenschlichen Bedingungen und der brutalen Trennung von ihren Familien und Gemeinschaften gelang es den versklavten Afrikanern, ihre spirituellen Traditionen und Glaubensvorstellungen zu bewahren und in die neue Umgebung zu integrieren. Diese Übertragung und Anpassung der afrikanischen Spiritualität legte den Grundstein für die Entstehung des Voodoo in der Neuen Welt.

In der neuen Umgebung trafen die afrikanischen Glaubenssysteme auf die katholischen Traditionen der Kolonialmächte und die Überzeugungen der indigenen Völker. Diese Begegnungen führten zu einer einzigartigen Synthese, die die Grundlage für die Entwicklung der Voodoo-Religion bildete. Die Fähigkeit zur Anpassung und Integration fremder Elemente ermöglichte es Voodoo, in den unterschiedlichsten kulturellen Kontexten zu überleben und zu gedeihen.

Zusammenfassung

Die afrikanischen Wurzeln des Voodoo sind tief und stark. Sie bieten nicht nur einen Einblick in die spirituellen Konzepte und Praktiken der westafrikanischen Völker, sondern auch ein Verständnis für die Resilienz und Kreativität der Menschen, die diese Traditionen über Jahrhunderte hinweg bewahrt und weiterentwickelt haben. In den folgenden Kapiteln werden wir sehen, wie diese Wurzeln in der Neuen Welt neue Formen angenommen haben und zur einzigartigen und lebendigen Religion des Voodoo wurden, die wir heute kennen.

Die Versklavung und der transatlantische Sklavenhandel

Der transatlantische Sklavenhandel war eine der größten und tragischsten menschlichen Katastrophen der Geschichte. Von den frühen 1500er Jahren bis ins 19. Jahrhundert wurden schätzungsweise 12 Millionen Afrikaner aus ihren Heimatländern verschleppt und in die Neue Welt gebracht. Diese erzwungene Migration führte nicht nur zu unsäglichem Leid und Verlust, sondern hatte auch tiefgreifende kulturelle und spirituelle Auswirkungen. Eine der bemerkenswertesten Konsequenzen war die Verbreitung und Transformation der afrikanischen spirituellen Praktiken, die zur Entstehung des Voodoo in der Neuen Welt führte.

Das Netzwerk des Sklavenhandels

Der transatlantische Sklavenhandel war ein komplexes und weit verzweigtes Netzwerk, das Europa, Afrika und die Amerikas miteinander verband. Europäische Händler, angetrieben von der Nachfrage nach Arbeitskräften für die Plantagenwirtschaft in der Neuen Welt, errichteten Handelsposten entlang der westafrikanischen Küste. Hier wurden afrikanische Männer, Frauen und Kinder von einheimischen Händlern oder rivalisierenden Stämmen gefangen genommen und an die Europäer verkauft.

Die Bedingungen auf den Sklavenschiffen waren grauenhaft. Eingepfercht unter Deck, litten die Versklavten unter Krankheiten, Misshandlungen und extremen Entbehrungen. Viele überlebten die Überfahrt nicht. Dennoch schafften es diejenigen, die die Reise überstanden, ihre kulturellen und spirituellen Überzeugungen mit sich zu tragen. Diese Überzeugungen sollten später die Grundlage für die Entwicklung von Voodoo in der Neuen Welt bilden.

Die Ankunft in der Neuen Welt

Bei ihrer Ankunft in der Neuen Welt wurden die afrikanischen Versklavten auf Plantagen und in Haushalten in der Karibik, in Südamerika und in den südlichen Vereinigten Staaten verteilt. Hier waren sie gezwungen, unter brutalen Bedingungen zu arbeiten, oft von Sonnenaufgang bis Sonnenuntergang, ohne jegliche Rechte oder Freiheiten. Dennoch gelang es vielen, ihre kulturellen Traditionen und spirituellen Praktiken aufrechtzuerhalten.

Die Plantagen waren oft multikulturelle Gemeinschaften, in denen Versklavte aus verschiedenen afrikanischen Regionen zusammenlebten. Diese erzwungene Mischung führte zu einer Verschmelzung und Anpassung ihrer unterschiedlichen spirituellen Praktiken. Die gemeinsamen Erfahrungen von Leid und Widerstand stärkten das Gemeinschaftsgefühl und förderten die Entwicklung neuer, synkretistischer Formen der Spiritualität, die Elemente aus verschiedenen afrikanischen Religionen kombinierten.

Synkretismus und Anpassung

In der Neuen Welt trafen die afrikanischen spirituellen Praktiken auf die katholischen Traditionen der europäischen Kolonialmächte und die indigenen Glaubensvorstellungen der einheimischen Bevölkerung. Diese Begegnung führte zu einer einzigartigen Form des Synkretismus. Die afrikanischen Glaubensvorstellungen wurden nicht aufgegeben, sondern fanden neue Ausdrucksformen und Symbole in der katholischen Liturgie und Ikonographie.

Ein Beispiel dafür ist die Verehrung der katholischen Heiligen, die oft mit den afrikanischen Loa (Geistern oder Göttern) identifiziert wurden. So wurde beispielsweise der katholische Heilige Lazarus mit dem Loa Papa Legba, dem Wächter der Schwelle zwischen der spirituellen und der physischen Welt, in Verbindung gebracht. Diese Verschmelzung ermöglichte es den Versklavten, ihre traditionellen spirituellen Praktiken fortzusetzen, während sie gleichzeitig den äußeren Anforderungen der katholischen Kolonialherren gerecht wurden.

Die Rolle der Gemeinschaft

Die Gemeinschaft spielte eine zentrale Rolle bei der Bewahrung und Weiterentwicklung der afrikanischen spirituellen Praktiken. Innerhalb der engen sozialen Strukturen der Plantagen und Dörfer schufen die Versklavten geheime Orte der Verehrung und trafen sich heimlich zu nächtlichen Zeremonien. Diese Zusammenkünfte boten nicht nur spirituelle Erfüllung, sondern auch eine Möglichkeit, Widerstand zu leisten und die eigene kulturelle Identität zu bewahren.

Trotz der Repression durch die Kolonialherren entwickelten sich diese Gemeinschaften zu Zentren des kulturellen und spirituellen Austauschs. Die mündliche Überlieferung spielte eine entscheidende Rolle bei der Weitergabe von Wissen und Traditionen. Ältere Generationen lehrten die Jüngeren die Riten, Lieder, Tänze und Geschichten ihrer Vorfahren, wodurch eine kontinuierliche kulturelle Verbindung zu den afrikanischen Wurzeln aufrechterhalten wurde.

Voodoo als Mittel des Widerstands

Die spirituellen Praktiken der Afrikaner dienten nicht nur der religiösen Verehrung, sondern auch als Mittel des Widerstands gegen die Unterdrückung. Voodoo, in all seinen Formen und Ausprägungen, bot den Versklavten eine Quelle der Stärke und Hoffnung. Die Rituale und Zeremonien schufen einen Raum, in dem die Gemeinschaft zusammenkommen und ihre gemeinsame Identität feiern konnte.

In Haiti, wo Voodoo besonders stark verwurzelt ist, spielte die Religion eine entscheidende Rolle bei der Haitianischen Revolution von 1791. Die Anführer der Revolution, viele von ihnen Priester des Voodoo, nutzten die spirituelle Kraft der Religion, um die Gemeinschaft zu mobilisieren und gegen die französischen Kolonialherren zu kämpfen. Voodoo bot den revolutionären Kämpfern nicht nur spirituellen Beistand, sondern auch eine symbolische Verbindung zu ihren afrikanischen Wurzeln und eine gemeinsame Vision für die Zukunft.

Zusammenfassung:

Der transatlantische Sklavenhandel war ein düsteres Kapitel der Menschheitsgeschichte, aber er führte auch zu einer bemerkenswerten kulturellen und spirituellen Transformation. Die afrikanischen Versklavten brachten ihre spirituellen Überzeugungen und Praktiken mit in die Neue Welt, wo sie sich mit anderen kulturellen Einflüssen vermischten und weiterentwickelten. Aus dieser schmerzhaften Geschichte der Entwurzelung und Anpassung entstand eine neue und dynamische Religion: Voodoo.

Die Fähigkeit der Versklavten, ihre spirituellen Praktiken zu bewahren und anzupassen, trotz der extremen Widrigkeiten, zeugt von ihrer Resilienz und Kreativität. Diese spirituellen Praktiken bieten uns heute wertvolle Einblicke in die Kraft der menschlichen Kultur und die Fähigkeit zur Erneuerung und Anpassung. In den folgenden Kapiteln werden wir sehen, wie Voodoo in der Neuen Welt weiterentwickelt wurde und zu einer lebendigen und bedeutungsvollen Religion wurde, die bis heute Millionen von Menschen inspiriert.

Die Ankunft in der Neuen Welt

Die Ankunft der afrikanischen Sklaven in der Neuen Welt markierte einen bedeutenden Wendepunkt in der Geschichte der Voodoo-Religion. Als die versklavten Afrikaner in die Karibik und die Südstaaten Amerikas gebracht wurden, brachten sie nicht nur ihre körperliche Arbeitskraft, sondern auch ihre tief verwurzelten spirituellen Überzeugungen und Praktiken mit sich. Trotz der unmenschlichen Bedingungen und der brutalen Trennung von ihrer Heimat schafften es viele, ihre kulturelle Identität zu bewahren und weiterzugeben. Dies war der Beginn der Anpassung und Weiterentwicklung von Voodoo in einer neuen und fremden Umgebung.

Die Karibik:

Eine Schmelztiegel der Kulturen

Die Karibikinseln, insbesondere Haiti und Kuba, waren zentrale Punkte der Sklavenwirtschaft. Die Plantagenwirtschaft florierte hier, angetrieben von der Produktion von Zuckerrohr, Tabak und Kaffee. Die Sklaven auf diesen Plantagen kamen aus verschiedenen Teilen Westafrikas und brachten eine Vielzahl von spirituellen Traditionen mit sich. Diese Vielfalt führte zu einem intensiven kulturellen Austausch und zur Schaffung einer synkretistischen Religion, die wir heute als Voodoo kennen.

In Haiti, dem damaligen Saint-Domingue, entwickelten sich die afrikanischen Glaubensvorstellungen besonders stark weiter. Hier wurde die Voodoo-Religion zur Hauptstütze der versklavten Gemeinschaften. Die Rituale, die in den versteckten Winkeln der Plantagen und in den abgelegenen Bergen stattfanden, waren Ausdruck von Widerstand und Hoffnung. Die Sklaven verehrten ihre afrikanischen Götter, die Loa, unter dem Deckmantel katholischer Heiligen, was ihnen half, ihre spirituellen Praktiken vor den Augen ihrer Herren zu verbergen.

Die Verschmelzung von afrikanischen und katholischen Elementen führte zur Entwicklung einzigartiger Rituale und Feste. Die Trommelrhythmen, Tänze und Gesänge, die die Zeremonien begleiteten, waren kraftvolle Ausdrucksformen, die die spirituelle und kulturelle Identität der versklavten Menschen bewahrten. Diese Rituale waren nicht nur religiöse Praktiken, sondern auch soziale Ereignisse, die die Gemeinschaft stärkten und den Zusammenhalt förderten.

Die Südstaaten Amerikas:

Anpassung und Widerstand

Auch in den Südstaaten Amerikas fand Voodoo seinen Platz. In Städten wie New Orleans, die stark von französischen und spanischen Kolonialisten geprägt waren, entwickelte sich Voodoo zu einer wichtigen kulturellen Kraft. Die Stadt, mit ihrer Mischung aus afrikanischen, europäischen und karibischen Einflüssen, bot einen fruchtbaren Boden für die Weiterentwicklung der Religion.

New Orleans wurde zu einem Zentrum des Voodoo, wo die Religion sowohl von freien Schwarzen als auch von Sklaven praktiziert wurde. Die berühmte Voodoo-Queen Marie Laveau spielte eine zentrale Rolle in der Verbreitung und Akzeptanz von Voodoo in der Stadt. Sie nutzte ihre Kenntnisse der Heilkunst, Magie und spirituellen Praktiken, um den Menschen zu helfen und ihren Ruf als mächtige spirituelle Führerin zu festigen. Ihre Einflussnahme trug dazu bei, dass Voodoo in der Gesellschaft von New Orleans tief verwurzelt wurde.

In den Südstaaten mussten sich die Voodoo-Praktiken jedoch an die strengen Überwachungs- und Unterdrückungsmechanismen der Sklavenhalter anpassen. Die Sklavenbesitzer fürchteten die Macht und den Zusammenhalt, den die spirituellen Praktiken der Sklaven boten, und versuchten, diese zu unterdrücken. Dennoch fanden die versklavten Afrikaner Wege, ihre Traditionen fortzuführen. Oft wurden Rituale in geheimen Versammlungen abgehalten, fernab der Augen der Aufseher.

Synkretismus:

Die Verschmelzung von Glaubenssystemen

Ein wesentlicher Aspekt der Anpassung von Voodoo in der Neuen Welt war der Synkretismus, die Verschmelzung verschiedener religiöser Traditionen. Die afrikanischen spirituellen Praktiken wurden mit den katholischen Bräuchen der europäischen Kolonialherren und den indigenen Glaubenssystemen der einheimischen Bevölkerung kombiniert. Dies führte zu einer einzigartigen Form des Glaubens, die Elemente aus allen drei Traditionen in sich vereinte.

Die katholischen Heiligen wurden oft mit den afrikanischen Loa gleichgesetzt. So wurde beispielsweise die Jungfrau Maria mit der Loa Erzulie in Verbindung gebracht, einer Göttin der Liebe und Fruchtbarkeit. Diese Verschmelzung ermöglichte es den Gläubigen, ihre afrikanischen Götter weiterhin zu verehren, während sie äußerlich den Anschein erweckten, die katholischen Bräuche zu befolgen. Diese Praxis des Verbergens und Veränderns war ein Akt des Widerstands und der Überlebensstrategie, der es Voodoo ermöglichte, in einer feindlichen Umgebung zu überleben und zu gedeihen.

Die Rolle der Natur und der Ahnen

Ein weiterer wichtiger Aspekt der Anpassung von Voodoo in der Neuen Welt war die fortgesetzte Verehrung der Natur und der Ahnen. In der afrikanischen Tradition sind die Geister der Natur und die Ahnen von zentraler Bedeutung, und diese Überzeugungen wurden auch in die Neue Welt übertragen. Flüsse, Bäume und andere natürliche Elemente wurden als heilig angesehen und in die rituellen Praktiken einbezogen.

Die Verehrung der Ahnen blieb ein wesentlicher Bestandteil des Voodoo. Die Ahnen wurden als mächtige spirituelle Kräfte betrachtet, die das Leben der Lebenden beeinflussen konnten. Rituale zur Ehrung der Ahnen wurden abgehalten, um ihre

Unterstützung und ihren Schutz zu erbitten. Diese Praktiken halfen den versklavten Afrikanern, eine Verbindung zu ihrer Heimat und ihrer Vergangenheit aufrechtzuerhalten und ihre kulturelle Identität zu bewahren.

Die Bedeutung der Gemeinschaft

Die Gemeinschaft spielte eine zentrale Rolle in der Anpassung und Weiterentwicklung von Voodoo in der Neuen Welt. Die Rituale und Zeremonien waren nicht nur religiöse Handlungen, sondern auch soziale Ereignisse, die die Gemeinschaft stärkten und den Zusammenhalt förderten. Diese Zusammenkünfte boten den Menschen die Möglichkeit, ihre kulturelle Identität zu feiern und sich gegenseitig zu unterstützen.

Die Rolle der spirituellen Führer, wie die Houngans (Priester) und Mambos (Priesterinnen), war entscheidend für die Erhaltung und Weitergabe der Traditionen. Diese Führer leiteten die Zeremonien, boten spirituelle Beratung und Heilung an und fungierten als Vermittler zwischen den Menschen und den spirituellen Kräften. Ihre Kenntnisse und Fähigkeiten wurden von Generation zu Generation weitergegeben und waren ein wesentlicher Bestandteil der kulturellen Kontinuität.

Zusammenfassung:

Die Ankunft von Voodoo in der Neuen Welt war ein Prozess der Anpassung und Transformation, der durch die schrecklichen Bedingungen des Sklavenhandels und der Plantagenwirtschaft geprägt war. Dennoch gelang es den versklavten Afrikanern, ihre spirituellen Überzeugungen und Praktiken zu bewahren und weiterzuentwickeln. Durch den Synkretismus und die kreative Anpassung an neue Umgebungen und Herausforderungen schufen sie eine einzigartige Religion, die tief in ihrer kulturellen Identität verwurzelt war.

In den folgenden Kapiteln werden wir sehen, wie Voodoo in den verschiedenen Regionen der Neuen Welt weiterentwickelt wurde und wie es sich zu einer lebendigen und bedeutungsvollen Religion entwickelte, die bis heute Millionen von Menschen inspiriert.

Synkretismus und Verschmelzung

Die Geschichte der Voodoo-Religion in der Neuen Welt ist eine Geschichte der Anpassung und Transformation. Eine der bemerkenswertesten Aspekte dieser Entwicklung war die Verschmelzung von afrikanischen Glaubensvorstellungen mit katholischen Traditionen und indigenen Kulturen. Dieser Prozess des Synkretismus war ein kreativer und dynamischer Akt des kulturellen Überlebens und der Erneuerung. Er erlaubte es den versklavten Afrikanern, ihre spirituellen Praktiken in einer feindlichen Umgebung aufrechtzuerhalten und weiterzuentwickeln.

Die Begegnung der Kulturen

Als die versklavten Afrikaner in die Karibik und die Südstaaten Amerikas gebracht wurden, trafen sie auf eine komplexe Mischung aus europäischen und indigenen Glaubenssystemen. Die europäischen Kolonialmächte, insbesondere die Spanier und Franzosen, brachten den Katholizismus mit sich und versuchten, diesen Glauben den versklavten Menschen aufzuzwingen. Gleichzeitig lebten in vielen Gebieten der Neuen Welt indigene Völker, deren eigene spirituelle Traditionen tief verwurzelt waren.

Diese Begegnung der Kulturen führte zu einer einzigartigen Verschmelzung, in der Elemente aus allen drei Traditionen miteinander verwoben wurden. Die afrikanischen Sklaven passten ihre Glaubensvorstellungen an die neue Umgebung an und integrierten katholische und indigene Elemente in ihre spirituellen Praktiken.

Afrikanische Glaubensvorstellungen

Die afrikanischen Glaubensvorstellungen, die in die Neue Welt gebracht wurden, waren vielfältig und reich an Symbolik und Ritualen. Zentrale Elemente dieser Traditionen waren die Verehrung von Ahnen, die Kommunikation mit spirituellen Wesen und die Durchführung von Heilritualen. Die afrikanischen Götter und Geister, bekannt als Loa oder Orishas, spielten eine zentrale Rolle im täglichen Leben und boten Schutz, Heilung und Führung.

Ein charakteristisches Merkmal der afrikanischen Spiritualität war die Betonung der Verbindung zwischen der physischen und der spirituellen Welt. Rituale, Tänze, Trommeln und Gesänge wurden verwendet, um diese Verbindung zu stärken und die Präsenz der spirituellen Kräfte herbeizurufen. Diese Praktiken wurden in die Neue Welt übertragen und bildeten das Herzstück der entstehenden Voodoo-Religion.

Katholische Traditionen

Die katholische Kirche spielte eine ambivalente Rolle in der Geschichte des Voodoo. Einerseits versuchten die europäischen Kolonialherren, den Katholizismus den versklavten Afrikanern aufzuzwingen, um ihre Kontrolle zu festigen und die afrikanischen Glaubenspraktiken zu unterdrücken. Andererseits bot die katholische Liturgie und Ikonographie eine Fülle von Symbolen und Ritualen, die von den Afrikanern in ihre eigenen spirituellen Praktiken integriert wurden.

Die Heiligenverehrung im Katholizismus fand ein besonderes Echo in den afrikanischen Glaubensvorstellungen. Viele katholische Heilige wurden mit afrikanischen Loa identifiziert und in die Voodoo-Praxis integriert. So wurde beispielsweise die Jungfrau Maria mit Erzulie, der Loa der Liebe und Fruchtbarkeit, in Verbindung gebracht. Der Heilige Lazarus, der im Katholizismus als Beschützer der Kranken verehrt wird, wurde mit Papa Legba, dem Wächter der Schwelle zwischen den Welten, identifiziert.

Diese synkretistische Verschmelzung ermöglichte es den afrikanischen Gläubigen, ihre traditionellen Praktiken unter dem Deckmantel des Katholizismus fortzuführen und sich vor der Repression der Kolonialherren zu schützen.

Indigene Einflüsse

Neben den katholischen Traditionen spielten auch die spirituellen Praktiken der indigenen Völker der Neuen Welt eine wichtige Rolle bei der Entwicklung von Voodoo. In Regionen wie der Karibik und dem Amazonasgebiet lebten indigene Gemeinschaften, deren eigene Glaubenssysteme tief verwurzelt waren und von den Afrikanern aufgenommen und angepasst wurden.

Diese indigenen Traditionen betonten oft die enge Verbindung zur Natur und die Bedeutung von Schamanismus und Heilritualen. Pflanzenmedizin, Rituale zur Ehrung der Naturgeister und die Verwendung von heiligen Plätzen in der Natur wurden von den afrikanischen Gläubigen in ihre eigenen Praktiken integriert. Diese Elemente bereicherten die Voodoo-Religion und verstärkten ihre Verbindung zur natürlichen Welt.

Rituale und Zeremonien

Die Rituale und Zeremonien des Voodoo sind ein lebendiger Ausdruck des Synkretismus und der kulturellen Verschmelzung. Diese Zeremonien sind oft farbenfrohe und kraftvolle Ereignisse, die Musik, Tanz, Gesang und spirituelle Praktiken miteinander verbinden. Sie bieten den Gläubigen die Möglichkeit, mit den Loa zu kommunizieren, Heilung zu suchen und ihre Gemeinschaft zu stärken.

Ein typisches Voodoo-Ritual kann die Anrufung eines Loa beinhalten, begleitet von Trommeln und Tänzen, die die spirituelle Präsenz des Loa herbeirufen sollen. Die Teilnehmer können in Trance fallen und von den Loa ›besessen‹ werden, wodurch sie deren Botschaften und Kräfte empfangen. Diese Erfahrungen sind zutiefst transformativ und bieten den Gläubigen eine direkte Verbindung zur spirituellen Welt.

Die Verwendung von Symbolen und Altären ist ebenfalls ein zentraler Bestandteil der Voodoo-Rituale. Altäre sind oft mit Bildern katholischer Heiligen, Kerzen, Opfergaben und heiligen Objekten geschmückt, die die Präsenz der Loa anziehen sollen. Diese Symbole sind Ausdruck des synkretistischen Charakters von Voodoo und spiegeln die Verschmelzung der verschiedenen kulturellen Einflüsse wider.

Die Bedeutung des Synkretismus

Der Synkretismus in der Voodoo-Religion ist nicht nur ein Akt der Anpassung, sondern auch ein Ausdruck von Widerstand und Resilienz. Indem sie Elemente aus verschiedenen Traditionen integrierten, schufen die afrikanischen Gläubigen eine neue und dynamische Religion, die ihre kulturelle Identität bewahrte und gleichzeitig an die Herausforderungen der Neuen Welt angepasst war.

Diese Verschmelzung ermöglichte es Voodoo, in einer feindlichen Umgebung zu überleben und zu gedeihen. Sie bot den Gläubigen nicht nur spirituelle Erfüllung, sondern auch eine Quelle der Stärke und des Zusammenhalts. Durch den Synkretismus konnten die afrikanischen Sklaven ihre spirituellen Praktiken fortsetzen und ihre kulturelle Identität bewahren, trotz der Versuche der Kolonialherren, sie zu unterdrücken.

Zusammenfassung:

Die Verschmelzung von afrikanischen Glaubensvorstellungen mit katholischen Traditionen und indigenen Kulturen zur Bildung des Voodoo ist ein bemerkenswertes Beispiel für die kreative Kraft des kulturellen Überlebens. Diese synkretistische Religion, die in den Tiefen des Leidens und der Unterdrückung entstand, bietet einen tiefen Einblick in die Widerstandskraft und die spirituelle Kreativität der Menschen.

In den folgenden Kapiteln werden wir die weiteren Entwicklungen und Anpassungen von Voodoo in der Neuen Welt erkunden und sehen, wie diese Religion zu einem wichtigen und lebendigen Bestandteil der kulturellen Landschaft in der Karibik und den Südstaaten Amerikas wurde.

Die Loa und das Pantheon des Voodoo

Im Herzen der Voodoo-Religion stehen die Loa, die vielfältigen und mächtigen spirituellen Wesen, die als Vermittler zwischen der menschlichen Welt und der göttlichen Sphäre agieren. Die Loa sind weder Götter noch Geister im traditionellen Sinne, sondern komplexe Entitäten mit individuellen Persönlichkeiten, Aufgaben und Geschichten. Ihre Verehrung und die Kommunikation mit ihnen sind zentrale Elemente des Voodoo-Glaubens, die den Anhängern spirituelle Führung, Schutz und Heilung bieten.

Die Vielfalt der Loa

Die Loa des Voodoo-Pantheons sind zahlreich und vielfältig, jeder mit spezifischen Eigenschaften und Zuständigkeiten. Sie werden in verschiedene Familien oder Nationen eingeteilt, die bestimmte Aspekte des Lebens und der Natur repräsentieren. Zu den bekanntesten Familien gehören die Rada, die Petro und die Ghede.

Die Rada-Loa sind bekannt für ihre friedlichen und wohlwollenden Eigenschaften. Sie stammen aus den alten afrikanischen Traditionen und stehen für Tugenden wie Harmonie, Heilung und Schutz. Zu den prominentesten Rada-Loa gehören Legba, der als Wächter der Tore und der Kommunikation fungiert, und Erzulie, die Loa der Liebe und Fruchtbarkeit.

Im Gegensatz dazu sind die Petro-Loa energischer und oft mit Krieg, Macht und Rache assoziiert. Sie spiegeln die historischen Erfahrungen von Gewalt und Unterdrückung wider, die die afrikanischen Sklaven erlitten haben. Ogou, der Kriegsherr und Beschützer, und Simbi, der mächtige Schlangengeist, sind zentrale Figuren in der Petro-Familie.

Die Ghede-Loa, die Geister der Toten und der Unterwelt, sind eine weitere wichtige Gruppe im Voodoo-Pantheon. Sie sind humorvoll, respektlos und tief mit dem Zyklus von Leben und Tod verbunden. Baron Samedi, der Herrscher der Friedhöfe, und Maman Brigitte, seine Gefährtin, sind die bekanntesten Vertreter dieser Familie. Sie leiten die Seelen der Verstorbenen und sind oft in Ritualen zu Ehren der Ahnen präsent.

Eigenschaften und Rollen der Loa

Jeder Loa hat eine einzigartige Persönlichkeit und spezifische Eigenschaften, die ihn oder sie von den anderen unterscheiden. Diese Eigenschaften sind in den Geschichten, Liedern und Ritualen des Voodoo fest verankert und bieten den Gläubigen eine tiefe emotionale und spirituelle Verbindung.

Legba, als einer der wichtigsten Loa, wird oft als alter Mann mit einem Stock dargestellt, der an der Kreuzung der Wege sitzt. Er ist der Vermittler, der die Türen zwischen der menschlichen Welt und der spirituellen Sphäre öffnet und schließt. Ohne seine Erlaubnis können keine anderen Loa in die Zeremonie gerufen werden. Legba ist auch ein Trickster, dessen

Schalkhaftigkeit und Weisheit in vielen Erzählungen zum Ausdruck kommen.

Erzulie, die Loa der Liebe, verkörpert Schönheit, Sinnlichkeit und Mitgefühl. Sie wird oft mit Herzsymbolen und luxuriösen Gegenständen dargestellt. Ihre Zeremonien sind geprägt von Liedern, Tänzen und Opfergaben, die ihre sanfte und liebevolle Natur feiern. Gleichzeitig hat Erzulie auch eine dunklere Seite, bekannt als Erzulie Dantor, die Rache und Schutz für Frauen symbolisiert.

Ogou, der mächtige Krieger, ist ein Beschützer und Anführer. Er wird mit Waffen und militärischen Insignien dargestellt und ist ein Symbol für Stärke und Durchsetzungsvermögen. Seine Rituale sind kraftvoll und oft mit Feuer und Metall verbunden, Elemente, die seine kriegerische Natur unterstreichen.

Baron Samedi, der Loa des Todes, ist eine faszinierende und ambivalente Figur. Mit seinem Zylinderhut, der dunklen Brille und dem schwarzen Anzug ähnelt er einem Totengräber. Er ist respektlos und humorvoll, liebt Tabak und Rum und zeigt keine Angst vor dem Tod. Baron Samedi spielt eine wichtige Rolle in Ritualen, die den Übergang von Leben zu Tod markieren, und bietet Schutz und Heilung durch seine Verbindung zur Unterwelt.

Die Bedeutung der Loa im Voodoo-Glauben

Die Loa sind nicht nur spirituelle Führer, sondern auch tief in das tägliche Leben der Gläubigen integriert. Sie bieten Unterstützung in allen Bereichen des Lebens, von Gesundheit und Wohlstand bis zu Liebe und Gerechtigkeit. Die Kommunikation mit den Loa erfolgt durch Rituale, Opfergaben und Trance-Zustände, in denen die Gläubigen von den Loa ›besessen‹ werden und deren Kräfte und Weisheiten direkt erfahren.

Ein zentraler Aspekt der Voodoo-Praxis ist die Errichtung von Altären und heiligen Räumen, die den Loa gewidmet sind. Diese Altäre sind mit Symbolen, Opfergaben und persönlichen Gegenständen geschmückt, die die Präsenz der Loa anziehen und ehren. Die Pflege dieser Altäre ist eine tägliche Praxis, die die Verbindung zwischen den Gläubigen und den Loa stärkt.

Die Rituale zur Anrufung der Loa sind reich an Symbolik und Ausdruckskraft. Trommeln, Tänze, Gesänge und spezielle Opfergaben schaffen eine Atmosphäre, die die Loa einlädt und ihre Anwesenheit manifestiert. Die Trance, in die die Gläubigen während der Rituale fallen, ist ein Zustand tiefer spiritueller Verbindung, in dem die Loa durch sie sprechen und handeln können. Diese Erfahrungen sind sowohl heilig als auch transformativ, bieten Heilung, Weisheit und spirituelle Erneuerung.

Die Loa und die Gemeinschaft

Die Verehrung der Loa spielt eine zentrale Rolle im sozialen und kulturellen Leben der Voodoo-Gemeinschaften. Die Rituale und Feste sind nicht nur spirituelle Ereignisse, sondern auch Gelegenheiten, die Gemeinschaft zu stärken und soziale Bindungen zu festigen. Diese Zusammenkünfte bieten den

Gläubigen die Möglichkeit, ihre kulturelle Identität zu feiern, Wissen weiterzugeben und sich gegenseitig zu unterstützen.

Die Rolle der Priester und Priesterinnen, bekannt als Houngans und Mambos, ist entscheidend für die Vermittlung zwischen den Loa und der Gemeinschaft. Diese spirituellen Führer leiten die Rituale, bieten Heilung und Beratung an und gewährleisten die Kontinuität der Traditionen. Ihre Weisheit und ihre Fähigkeit, die Loa anzurufen und zu interpretieren, sind für das spirituelle Leben der Gemeinschaft unverzichtbar.

Zusammenfassung:

Die Loa und das Pantheon des Voodoo sind ein faszinierendes und vielschichtiges Thema, das die Tiefe und Komplexität dieser Religion widerspiegelt. Durch die Verehrung und Interaktion mit den Loa schaffen die Voodoo-Gläubigen eine lebendige und dynamische spirituelle Welt, die ihnen nicht nur Trost und Führung bietet, sondern auch eine starke Verbindung zu ihren afrikanischen Wurzeln und ihrer kulturellen Identität.

In den kommenden Kapiteln werden wir tiefer in die Rituale und Praktiken des Voodoo eintauchen und die vielfältigen Wege erkunden, auf denen diese Religion das Leben ihrer Anhänger bereichert und transformiert. Die Geschichte und die Bedeutung der Loa sind ein wesentlicher Teil dieser Erzählung, die zeigt, wie der Glaube und die Traditionen der afrikanischen Vorfahren in der Neuen Welt weiterleben und sich entfalten.

Rituale und Zeremonien

Im Herzen des Voodoo-Glaubens stehen seine Rituale und Zeremonien, die das spirituelle Leben der Gläubigen formen und leiten. Diese Praktiken sind reich an Symbolik und Ausdruckskraft, sie verbinden die Anhänger mit den Loa und der spirituellen Welt. Die Rituale des Voodoo sind sowohl heilig als auch transformativ und umfassen Besessenheitszeremonien, Opfergaben und Heilungsrituale.

Die Besessenheitszeremonien

Eine der bekanntesten und faszinierendsten Praktiken im Voodoo ist die Besessenheitszeremonie. In diesen Ritualen treten die Gläubigen in einen Trancezustand ein und werden von den Loa ›besessen‹. Diese Besessenheit ermöglicht eine direkte Kommunikation zwischen den Menschen und den spirituellen Wesen, wobei die Loa durch die Körper der Gläubigen sprechen und handeln.

Der Ablauf einer Besessenheitszeremonie beginnt meist mit der Anrufung des Loa Legba, der als Torwächter fungiert. Ohne seine Erlaubnis können die anderen Loa nicht in die Zeremonie gerufen werden. Trommeln, Gesänge und Tänze spielen eine zentrale Rolle bei der Schaffung einer Atmosphäre, die die Loa einlädt. Die Rhythmen der Trommeln und die hypnotischen Bewegungen der Tänze versetzen die Teilnehmer in einen Zustand erhöhter Empfänglichkeit.

Während der Zeremonie können die Gläubigen plötzlich von einem Loa ergriffen werden. Diese Besessenheit äußert sich oft in dramatischen Veränderungen im Verhalten und der Stimme des Betroffenen, die den Charakter und die Persönlichkeit des Loa widerspiegeln. Die besessenen Personen agieren nicht mehr als sie selbst, sondern als Manifestationen des Loa, der sie übernommen hat. Diese Momente sind tief beeindruckend und bieten den Anwesenden eine lebendige Erfahrung der Gegenwart der Loa.

Besessenheitszeremonien dienen verschiedenen Zwecken. Sie können dazu genutzt werden, um Rat und Weisheit von den Loa zu erhalten, spirituelle Heilung zu erlangen oder wichtige Entscheidungen zu treffen. Die Botschaften, die während der Besessenheit übermittelt werden, haben oft großen Einfluss auf das Leben der Gläubigen und ihre Gemeinschaft.

Opfergaben und Altäre

Opfergaben sind ein weiterer wichtiger Bestandteil der Voodoo-Rituale. Sie dienen dazu, die Loa zu ehren und ihre Gunst zu erlangen. Die Natur und die Form der Opfergaben können stark variieren, je nach den Vorlieben und den spezifischen Anforderungen der verschiedenen Loa.

Häufige Opfergaben umfassen Lebensmittel, Getränke, Kerzen, Blumen und persönliche Gegenstände. Besonders beliebt sind frische Früchte, Rum, Tabak und spezielle Süßigkeiten, die den Loa als Zeichen des Respekts und der Wertschätzung dargebracht werden. Diese Gaben werden auf Altären platziert, die sorgfältig gestaltet und gepflegt werden, um die Präsenz der Loa anzuziehen.

Die Altäre selbst sind oft kunstvoll gestaltet und mit Symbolen geschmückt, die mit den jeweiligen Loa assoziiert sind. Sie können Bilder von katholischen Heiligen, farbige Stoffe, Perlenketten und andere heilige Objekte enthalten. Jeder Altar ist ein heiliger Raum, der eine direkte Verbindung zwischen den Gläubigen und den spirituellen Kräften darstellt.

Die Pflege der Altäre ist eine tägliche Praxis, die von den Gläubigen mit großer Sorgfalt durchgeführt wird. Diese Kontinuität der Aufmerksamkeit und der Opfergaben stärkt die Bindung zwischen den Menschen und den Loa und sorgt dafür, dass die spirituelle Präsenz in ihrem Leben erhalten bleibt.

Heilungsrituale

Heilung ist ein zentrales Anliegen im Voodoo, und die entsprechenden Rituale sind vielfältig und kraftvoll. Die Gläubigen wenden sich an die Loa, um körperliche, emotionale und spirituelle Heilung zu erlangen. Diese Rituale kombinieren traditionelle Heilmethoden mit spirituellen Praktiken und sind tief in der Gemeinschaft verwurzelt.

Ein typisches Heilungsritual beginnt mit der Anrufung des passenden Loa, der für die Heilung zuständig ist. Dies kann Legba sein, der als Vermittler fungiert, oder ein spezifischer Heilungs-Loa wie Erzuli Freda oder Papa Loko. Die Trommeln und Gesänge, die die Anrufung begleiten, schaffen eine heilige Atmosphäre und öffnen den Raum für die spirituelle Intervention.

Heilungsrituale beinhalten oft das Auftragen von Kräutermedizin, die in einem komplexen Prozess der Zubereitung und Segnung hergestellt wird. Diese Heilmittel werden von erfahrenen Heilern, bekannt als Houngans (Priester) und Mambos (Priesterinnen), verabreicht, die über tiefes Wissen in Kräuterkunde und spiritueller Heilung verfügen. Die Kräuter werden oft in Bädern, Tees oder Salben verwendet, die die körperliche und spirituelle Reinigung unterstützen.

Ein weiterer wichtiger Aspekt der Heilungsrituale ist die Verwendung von Symbolen und Amuletten. Diese Objekte, die während der Rituale gesegnet werden, dienen als Träger der Heilkräfte der Loa und bieten Schutz und Unterstützung für die Heilung. Die Gläubigen tragen diese Amulette oft bei sich oder platzieren sie in ihren Häusern, um die heilige Energie kontinuierlich zu nutzen.

Rituale des Übergangs

Voodoo-Rituale begleiten die Gläubigen durch alle wichtigen Übergänge im Leben, von Geburt und Initiation bis zu Heirat und Tod. Diese Rituale sind tief symbolisch und bieten spirituelle Unterstützung und Segen in den entscheidenden Momenten des Lebens.

Die Initiationsrituale, bekannt als Kanzo, sind besonders bedeutend. Sie markieren den Eintritt in die tiefere spirituelle Praxis und das Verständnis des Voodoo. Die Initianden durchlaufen eine Reihe von Prüfungen und Reinigungsritualen, die ihre Verbindung zu den Loa stärken und sie auf ihre Rolle als zukünftige Priester oder Priesterinnen vorbereiten. Diese Rituale sind intensiv und können mehrere Tage dauern, wobei die Teilnehmer in isolierten heiligen Räumen unter der Aufsicht erfahrener spiritueller Führer verbleiben.

Hochzeitsrituale im Voodoo sind festliche und freudige Anlässe, bei denen die Gemeinschaft zusammenkommt, um das Paar zu segnen und ihre Vereinigung zu feiern. Diese Zeremonien beinhalten traditionelle Tänze, Musik und Opfergaben, die die Verbindung des Paares und ihren gemeinsamen Weg unter dem Schutz der Loa betonen.

Rituale des Todes und der Ahnenverehrung sind ebenfalls von großer Bedeutung. Die Ghede-Loa, insbesondere Baron Samedi und Maman Brigitte, spielen eine zentrale Rolle in diesen Zeremonien, die den Übergang der Seelen in die spirituelle Welt begleiten. Diese Rituale sind oft feierlich und humorvoll zugleich, sie ehren die Verstorbenen und stärken die Verbindung zwischen den Lebenden und ihren Ahnen.

Zusammenfassung:

Die Rituale und Zeremonien des Voodoo sind tief verwurzelt in den spirituellen Traditionen und kulturellen Praktiken, die aus Afrika in die Neue Welt gebracht wurden. Sie bieten den Gläubigen nicht nur spirituelle Erfüllung und Unterstützung, sondern auch eine starke Verbindung zu ihrer kulturellen Identität und Gemeinschaft.

Durch die Teilnahme an diesen Ritualen und Zeremonien erfahren die Anhänger des Voodoo eine direkte und lebendige Verbindung zu den Loa und der spirituellen Welt. Diese Praktiken sind Ausdruck von Glaube, Resilienz und Kreativität, sie halten die Traditionen am Leben und passen sie an die sich ständig verändernde Welt an.

In den folgenden Kapiteln werden wir die vielfältigen Wege weiter erkunden, auf denen der Voodoo-Glaube das Leben seiner Anhänger formt und bereichert, und sehen, wie diese alten Traditionen in der modernen Welt fortbestehen und sich entwickeln.

Magie und Zauberei im Voodoo

Voodoo ist nicht nur eine Religion, sondern auch ein komplexes System magischer Praktiken und Überzeugungen, das tief in den Alltag seiner Anhänger eingebettet ist. Diese magischen Aspekte des Voodoo umfassen eine Vielzahl von Zaubern, Amuletten und Schutzzaubern, die dazu dienen, das Leben der Gläubigen zu beeinflussen und zu verbessern. Die Magie im Voodoo ist sowohl praktisch als auch spirituell und bietet den Menschen Werkzeuge zur Bewältigung ihrer täglichen Herausforderungen und zur Erfüllung ihrer Wünsche.

Die Natur der Magie im Voodoo

Die Magie im Voodoo basiert auf dem Glauben an die enge Verbindung zwischen der physischen und der spirituellen Welt. Die Praktizierenden glauben, dass durch die richtige Anwendung von Ritualen, Symbolen und Objekten die spirituellen Kräfte der Loa und anderer übernatürlicher Wesen beeinflusst werden können. Diese Kräfte können genutzt werden, um sowohl positive als auch negative Ziele zu erreichen, je nach der Absicht des Praktizierenden.

Ein grundlegendes Konzept in der Voodoo-Magie ist die Vorstellung von ›Ashe‹ oder ›Kraft‹. Ashe ist die spirituelle Energie, die in allem Lebenden und Nichtlebenden vorhanden ist. Durch die richtige Manipulation dieser Energie können die Gläubigen ihre Ziele erreichen, sei es Heilung, Schutz oder das

Herbeiführen von Veränderungen in ihrem Leben oder in der Welt um sie herum.

Zauber und Rituale

Zauber im Voodoo sind vielfältig und können auf unterschiedliche Weise ausgeführt werden. Sie beinhalten oft eine Kombination aus gesprochenen Worten, Gesten, spezifischen Materialien und Ritualen. Ein einfacher, aber kraftvoller Zauber könnte beispielsweise die Verwendung von Kerzen, Kräutern und symbolischen Objekten umfassen, die in einer bestimmten Weise angeordnet und gesegnet werden, um die gewünschte Wirkung zu erzielen.

Ein häufig praktizierter Zauber im Voodoo ist der ›Liebezauber‹, der dazu dient, romantische Beziehungen zu fördern oder zu stärken. Solche Zauber können das Anzünden von rosa oder roten Kerzen, das Verwenden von Rosenblättern und speziellen Ölen sowie das Rezitieren von Gebeten und Beschwörungen beinhalten, um die Unterstützung der Loa der Liebe, wie Erzulie, zu erlangen. Diese Rituale sind oft sehr persönlich und werden an die spezifischen Bedürfnisse und Umstände des Einzelnen angepasst.

Schutzzauber sind ebenfalls weit verbreitet und dienen dazu, die Gläubigen vor negativen Einflüssen und Gefahren zu bewahren. Ein typischer Schutzzauber könnte die Herstellung eines Talismans oder Amuletts umfassen, das aus bestimmten Kräutern, Steinen und symbolischen Objekten besteht. Diese Amulette werden mit speziellen Gebeten und Ritualen gesegnet und dann getragen oder in der Nähe des Hauses platziert, um kontinuierlichen Schutz zu bieten.

Amulette und Talismane

Amulette und Talismane spielen eine zentrale Rolle in der magischen Praxis des Voodoo. Sie sind physische Objekte, die mit spiritueller Energie aufgeladen sind und eine Vielzahl von Zwecken dienen können, von Schutz und Heilung bis hin zur Anziehung von Glück und Wohlstand. Diese Objekte sind oft handgefertigt und individuell auf die Bedürfnisse des Trägers abgestimmt.

Ein bekanntes Amulett im Voodoo ist der ›Gris-Gris-Beutel‹. Dieser kleine Beutel enthält eine Mischung aus Kräutern, Wurzeln, Steinen, Haaren und anderen symbolischen Gegenständen, die sorgfältig ausgewählt und arrangiert wurden, um eine bestimmte Wirkung zu erzielen. Der Gris-Gris-Beutel wird von einem Houngan oder einer Mambo gesegnet und mit Gebeten und Beschwörungen aufgeladen, um seine Wirksamkeit zu gewährleisten.

Ein weiteres häufig verwendetes Amulett ist die ›Voodoo-Puppe‹. Entgegen dem populären Missverständnis wird die Voodoo-Puppe nicht nur für schädliche Zwecke verwendet, sondern kann auch für Heilung, Schutz und andere positive Ziele eingesetzt werden. Die Puppe wird oft mit persönlichen Gegenständen des Betroffenen versehen und in speziellen Ritualen verwendet, um die Aufmerksamkeit und Hilfe der Loa zu erlangen.

Schutzzauber und Rituale

Schutzzauber sind ein wesentlicher Bestandteil der Voodoo-Magie, da sie die Gläubigen vor negativen Einflüssen und bösen Geistern schützen sollen. Diese Zauber können einfach oder komplex sein und umfassen oft das Anlegen von Schutzamulette, das Zeichnen von Veves (heiligen Symbolen) und das Durchführen von Reinigungsritualen.

Ein typisches Schutzritual könnte mit einer gründlichen Reinigung des Hauses oder der Person beginnen, um negative Energien zu vertreiben. Dies könnte das Verbrennen von Kräutern wie Salbei oder Beifuß, das Versprühen von gesegnetem Wasser und das Rezitieren von Gebeten umfassen. Nach der Reinigung werden Schutzamulette an strategischen Orten platziert, und spezielle Veves werden auf den Boden oder die Wände gezeichnet, um die Präsenz der schützenden Loa zu gewährleisten.

Ein weiteres wirksames Schutzmittel ist das ›Feuerwasser‹, ein spezielles Gebräu aus Alkohol, Kräutern und anderen heiligen Zutaten, das in Ritualen verwendet wird, um böse Geister abzuwehren und Schutz zu bieten. Feuerwasser wird oft in Flaschen aufbewahrt und kann bei Bedarf auf Amulette, Räume oder Personen aufgetragen werden, um sofortigen Schutz zu bieten.

Die Rolle der Houngans und Mambos

Die Houngans (Priester) und Mambos (Priesterinnen) sind die spirituellen Führer im Voodoo und spielen eine entscheidende Rolle bei der Durchführung von magischen Ritualen und der Anleitung der Gläubigen. Sie besitzen tiefes Wissen über die magischen Praktiken, die Kräuterkunde und die spirituelle Welt des Voodoo. Ihr Rat und ihre Unterstützung sind für die Gläubigen von unschätzbarem Wert.

Houngans und Mambos leiten Zeremonien, stellen Amulette her, führen Heilungsrituale durch und bieten spirituelle Beratung an. Ihre Fähigkeit, mit den Loa zu kommunizieren und ihre Kräfte zu lenken, macht sie zu unverzichtbaren Vermittlern zwischen der menschlichen und der spirituellen Welt. Sie sorgen dafür, dass die magischen Praktiken des Voodoo korrekt und respektvoll ausgeführt werden und dass die Gläubigen die Unterstützung und den Schutz erhalten, den sie benötigen.

Zusammenfassung:

Die magischen Praktiken und Überzeugungen im Voodoo sind tief verwurzelt in den afrikanischen Traditionen und haben sich im Laufe der Jahrhunderte weiterentwickelt, um den Herausforderungen und Bedürfnissen der Gläubigen in der Neuen Welt gerecht zu werden. Diese Praktiken bieten den Anhängern nicht nur praktische Lösungen für ihre täglichen Probleme, sondern auch eine tiefgreifende spirituelle Verbindung zu den Kräften, die ihr Leben beeinflussen.

Die Magie des Voodoo ist ein faszinierender und integraler Bestandteil dieser Religion, der zeigt, wie die Gläubigen ihre spirituelle Kraft nutzen, um ihre Welt zu gestalten und zu verbessern. Durch Zauber, Amulette und Schutzzauber schaffen sie eine dynamische und lebendige spirituelle Praxis, die sowohl ihre afrikanischen Wurzeln ehrt als auch in der modernen Welt relevant bleibt.

In den folgenden Kapiteln werden wir weiterhin die vielen Facetten des Voodoo erforschen und verstehen, wie diese alte Religion ihre Anhänger inspiriert und unterstützt, während sie sich den Herausforderungen und Veränderungen der heutigen Zeit stellen. Die Magie des Voodoo ist nur ein Aspekt dieser reichen und vielfältigen Tradition, die das Leben der Gläubigen tiefgreifend beeinflusst und bereichert.

Die Rolle der Gemeinschaft

Die Bedeutung der Gemeinschaft im Voodoo kann nicht hoch genug eingeschätzt werden. Gemeinschaft und Zusammengehörigkeit sind die Grundpfeiler dieser Religion und formen die religiöse Erfahrung der Gläubigen auf tiefgreifende Weise. Im Voodoo ist das spirituelle Leben eng mit dem sozialen Gefüge verwoben, und die Rituale und Zeremonien sind oft gemeinschaftliche Ereignisse, die das Kollektiv stärken und die Bindungen zwischen den Individuen festigen.

Gemeinschaftliche Rituale und Zeremonien

Die Rituale und Zeremonien des Voodoo sind in erster Linie kollektive Aktivitäten. Ob es sich um eine Besessenheitszeremonie, ein Heilungsritual oder ein Fest zu Ehren eines bestimmten Loa handelt, die Teilnahme der Gemeinschaft ist von zentraler Bedeutung. Diese Zusammenkünfte sind nicht nur spirituelle, sondern auch soziale Ereignisse, bei denen die Gläubigen ihre gemeinsamen Werte und Überzeugungen feiern und stärken.

Ein Beispiel für die Bedeutung der Gemeinschaft in den Voodoo-Ritualen ist das Kanzo-Ritual, ein Initiationsritual, das neue Mitglieder in die tiefere spirituelle Praxis einführt. Diese Zeremonie umfasst mehrere Tage intensiver spiritueller Übungen und Reinigung und wird unter der Leitung erfahrener Houngans und Mambos durchgeführt. Die gesamte Gemeinschaft spielt eine Rolle, indem sie die Initianden unterstützt, für sie betet und ihnen Kraft gibt. Die kollektive Energie, die während dieser Rituale entsteht, schafft ein starkes Gefühl der Zugehörigkeit und des Zusammenhalts.

Gemeinschaft als Quelle der Unterstützung und des Schutzes

In der Voodoo-Religion bietet die Gemeinschaft nicht nur spirituelle, sondern auch praktische Unterstützung. Die Gläubigen wenden sich an ihre Gemeinschaft, um Rat und Hilfe in allen Bereichen ihres Lebens zu erhalten, sei es bei persönlichen Problemen, gesundheitlichen Herausforderungen oder familiären Angelegenheiten. Die Gemeinschaft fungiert als Netzwerk der Solidarität, in dem jedes Mitglied weiß, dass es auf die Unterstützung und den Schutz seiner Glaubensgenossen zählen kann.

Diese Unterstützung zeigt sich auch in der Praxis des Sammelns von Ressourcen für Rituale und Zeremonien. Oft trägt jeder in der Gemeinschaft dazu bei, die notwendigen Materialien, Lebensmittel und Opfergaben bereitzustellen. Diese kollektive Anstrengung verstärkt nicht nur die spirituelle Kraft der Rituale, sondern auch das Gefühl der Zusammengehörigkeit und des gemeinsamen Ziels.

Die Rolle der Familie im Voodoo

Die Familie nimmt im Voodoo einen besonderen Platz ein und ist oft das Herzstück der Gemeinschaft. Viele Voodoo-Praktiken und -Rituale sind familienorientiert und werden von Generation zu Generation weitergegeben. Die familiären Bindungen stärken die spirituelle Praxis und bieten eine kontinuierliche Verbindung zu den Ahnen und der spirituellen Welt.

Die Ahnenverehrung ist ein wesentlicher Aspekt des Voodoo und zeigt die tiefe Verbindung zwischen den Lebenden und ihren Vorfahren. Die Ahnen werden als integraler Bestandteil der Gemeinschaft betrachtet und spielen eine aktive Rolle im Leben der Gläubigen. Rituale zu Ehren der Ahnen, wie das Aufstellen von Ahnenaltären und das Durchführen von Opfergaben, sind oft Familienangelegenheiten, bei denen alle Mitglieder teilnehmen und die spirituelle Kraft der Ahnen anrufen.

Gemeinschaftliche Feste und Feiern

Die Voodoo-Gemeinschaften feiern regelmäßig Feste zu Ehren der verschiedenen Loa, und diese Ereignisse sind bedeutende gesellschaftliche Anlässe. Diese Feste, oft begleitet von Musik, Tanz, Speisen und Opfergaben, dienen nicht nur der Verehrung der Loa, sondern auch der Stärkung des Gemeinschaftsgefühls. Sie bieten Gelegenheiten für die Gläubigen, ihre Beziehungen zu erneuern, neue Mitglieder willkommen zu heißen und die kollektive Identität zu feiern.

Ein solches Fest ist das ›Fête Gede‹, das zu Ehren der Ghede-Loa gefeiert wird, die mit Tod und Ahnen verbunden sind. Diese Feier ist sowohl ernsthaft als auch ausgelassen und umfasst Rituale, die die Präsenz der Ahnen ehren und den Zyklus des Lebens und Todes feiern. Die Gemeinschaft versammelt sich, um gemeinsam zu tanzen, zu singen und Opfergaben darzubringen, was das Gefühl der Kontinuität und der Verbindung mit den Vorfahren stärkt.

Gemeinschaft als spirituelle Quelle

Die Gemeinschaft im Voodoo ist nicht nur eine soziale Struktur, sondern auch eine spirituelle Quelle. Durch die Teilnahme an gemeinsamen Ritualen und Zeremonien erfahren die Gläubigen eine tiefe spirituelle Erfüllung und Verbundenheit. Die kollektive Praxis verstärkt die spirituelle Kraft jedes Einzelnen und schafft eine Atmosphäre der heiligen Gemeinschaft, in der die Präsenz der Loa und der Ahnen stark gespürt wird.

Diese spirituelle Dimension der Gemeinschaft zeigt sich besonders deutlich in Momenten der Besessenheit, wenn ein Loa einen Gläubigen übernimmt und durch ihn spricht oder handelt. In solchen Momenten ist die gesamte Gemeinschaft Zeuge und Teilhaber dieser direkten Verbindung zur spirituellen Welt. Die kollektive Energie und der Glaube verstärken die Erfahrung und machen sie zu einem tiefgreifenden spirituellen Ereignis, das das gesamte Kollektiv betrifft.

Zusammenfassung:

Die Rolle der Gemeinschaft im Voodoo ist von zentraler Bedeutung und durchdringt alle Aspekte dieser Religion. Von den gemeinschaftlichen Ritualen und Zeremonien über die familiären Bindungen bis hin zu den kollektiven Festen und spirituellen Erfahrungen ist die Gemeinschaft die tragende Säule, die die spirituelle Praxis und das tägliche Leben der Gläubigen formt und stärkt.

Durch die Betonung von Zusammengehörigkeit und Solidarität bietet die Voodoo-Gemeinschaft ihren Mitgliedern eine tiefe spirituelle und praktische Unterstützung. Diese Gemeinschaft schafft einen Raum, in dem die Gläubigen ihre spirituelle Kraft entfalten, ihre kulturelle Identität bewahren und die Herausforderungen des Lebens gemeinsam meistern können.

In den folgenden Kapiteln werden wir weiter erkunden, wie diese Gemeinschaftsstrukturen im Voodoo bestehen und sich entwickeln, und sehen, wie sie dazu beitragen, die spirituelle und kulturelle Kontinuität dieser faszinierenden Religion in der modernen Welt zu bewahren und zu stärken.

Voodoo in Haiti

Haiti, ein Land mit einer reichen und komplexen Geschichte, ist untrennbar mit der Praxis und Kultur des Voodoo verbunden. Voodoo ist hier nicht nur eine Religion, sondern eine Lebensweise, die tief in das soziale, politische und kulturelle Gefüge des Landes eingebettet ist. Die einzigartigen Umstände, unter denen Voodoo in Haiti gedeihen konnte, haben es zu einem integralen Bestandteil der nationalen Identität gemacht.

Historische Wurzeln und Widerstand

Die Ankunft von Voodoo in Haiti lässt sich auf die Kolonialzeit zurückverfolgen, als afrikanische Sklaven auf die Insel gebracht wurden. Diese Sklaven brachten ihre spirituellen Praktiken und Überzeugungen mit, die im Laufe der Zeit zu dem verschmolzen, was wir heute als haitianisches Voodoo kennen. Die Religion spielte eine zentrale Rolle im Widerstand gegen die französischen Kolonialherren und im haitianischen Unabhängigkeitskrieg von 1791 bis 1804.

Die berühmte Bwa Kayiman-Zeremonie, die als Auftakt zum haitianischen Aufstand gilt, ist ein symbolträchtiges Beispiel dafür, wie Voodoo als Katalysator für sozialen und politischen Wandel diente. Während dieser Zeremonie schworen die Sklaven unter der Führung von Boukman Dutty, einem Voodoo-Priester, sich gegen die Unterdrückung zu erheben. Diese Zeremonie markierte den Beginn eines blutigen, aber letztlich erfolgreichen Kampfes für die Unabhängigkeit und schuf eine tiefe Verbindung zwischen Voodoo und dem haitianischen Freiheitsstreben.

Voodoo als kulturelle Identität

In der haitianischen Gesellschaft ist Voodoo weit mehr als nur eine religiöse Praxis. Es ist ein kulturelles Erbe, das in allen Aspekten des täglichen Lebens präsent ist. Voodoo durchdringt die haitianische Musik, Kunst, Literatur und sogar die Politik. Die Religion bietet einen Rahmen, durch den die Haitianer ihre Welt verstehen und mit den Herausforderungen des Lebens umgehen.

Die Kunst und Musik Haitis sind stark von Voodoo-Motiven beeinflusst. Die rhythmischen Trommeln und Lieder, die während der Voodoo-Zeremonien gespielt werden, sind tief in der haitianischen Musikkultur verwurzelt. Diese Musik ist nicht nur ein Ausdruck der religiösen Hingabe, sondern auch ein Mittel des kulturellen Ausdrucks und des Widerstands gegen soziale Ungerechtigkeiten. Künstler wie die Gruppe RAM integrieren Voodoo-Rhythmen und -Texte in ihre Musik und tragen so zur Bewahrung und Verbreitung dieser kulturellen Tradition bei.

Rituale und Zeremonien

Die Voodoo-Rituale und Zeremonien in Haiti sind farbenfrohe und kraftvolle Ausdrucksformen des Glaubens. Diese Zeremonien, oft öffentlich und mit großer Beteiligung der Gemeinschaft durchgeführt, bieten einen Einblick in die spirituelle und soziale Dynamik der haitianischen Gesellschaft. Besessenheitszeremonien, bei denen die Loa in die Körper der Gläubigen eintreten, sind besonders beeindruckend und zeigen die tiefe spirituelle Verbindung zwischen den Menschen und ihren Gottheiten.

Ein bedeutendes Ritual im haitianischen Voodoo ist die ›Manje Loa‹ oder ›Mahlzeit für die Loa‹. Während dieser Zeremonie werden den Loa Speisen und Getränke dargeboten, um ihre Gunst und Unterstützung zu erlangen. Diese Rituale sind Gelegenheiten für die Gemeinschaft, zusammenzukommen, zu feiern und ihre spirituelle Hingabe auszudrücken. Sie bieten auch eine Plattform für die Übertragung von Wissen und Traditionen von einer Generation zur nächsten.

Voodoo und die haitianische Politik

Die Beziehung zwischen Voodoo und der haitianischen Politik ist komplex und vielschichtig. Voodoo hat in der Geschichte Haitis sowohl als Mittel der Unterdrückung als auch der Befreiung gedient. Nach der Unabhängigkeit wurde Voodoo zeitweise von der Elite und der Kirche unterdrückt, die es als barbarisch und rückständig betrachteten. Dennoch blieb die Religion eine kraftvolle unterirdische Strömung, die die Massenbewegungen und politischen Aufstände inspirierte.

In den 20. und 21. Jahrhunderten erlebte Voodoo eine Wiederbelebung und Anerkennung als wesentlicher Bestandteil der haitianischen Identität. Politiker wie François Duvalier, auch bekannt als Papa Doc, nutzten Voodoo-Symbole und -

Rhetorik, um ihre Macht zu festigen und die Bevölkerung zu kontrollieren. Während seiner Diktatur inszenierte Duvalier sich als mächtiger Houngan und nutzte die Angst und den Respekt vor den Loa, um seine Herrschaft zu legitimieren.

Andererseits haben auch viele progressive Bewegungen und politische Aktivisten Voodoo als Quelle der Inspiration und Mobilisierung genutzt. Die Religion bietet eine Sprache und Symbolik des Widerstands, die tief in der haitianischen Kultur verankert ist und eine starke emotionale Resonanz bei der Bevölkerung hat.

Die Rolle der Priester und Priesterinnen

In Haiti spielen die Houngans und Mambos, die Priester und Priesterinnen des Voodoo, eine zentrale Rolle im sozialen und spirituellen Leben der Gemeinschaft. Sie sind die Hüter des Wissens, die Vermittler zwischen den Menschen und den Loa und die Heiler, die sowohl körperliche als auch spirituelle Leiden behandeln. Ihre Autorität und ihr Ansehen in der Gemeinschaft sind oft größer als die von politischen oder religiösen Führern anderer Glaubensrichtungen.

Die Priester und Priesterinnen führen nicht nur religiöse Zeremonien durch, sondern sind auch Berater und Mediatoren in sozialen und familiären Angelegenheiten. Sie bieten spirituelle Beratung, führen Heilungsrituale durch und helfen bei der Lösung von Konflikten. Ihre Rolle ist multifunktional und tief in der Gemeinschaft verwurzelt, was sie zu unverzichtbaren Akteuren im sozialen Gefüge Haitis macht.

Herausforderungen und Kontroversen

Trotz seiner tiefen Wurzeln in der haitianischen Kultur steht Voodoo vor zahlreichen Herausforderungen und Kontroversen. Vorurteile und Missverständnisse über die Religion sind weit verbreitet, sowohl innerhalb als auch außerhalb Haitis. Die Darstellung von Voodoo in den Medien, oft als unheimliche und dunkle Magie, trägt zu diesen negativen Wahrnehmungen bei und verzerrt die wahre Natur und Bedeutung der Religion.

Die katholische Kirche und andere christliche Gruppierungen in Haiti haben historisch versucht, Voodoo zu unterdrücken und seine Praktiken zu bekämpfen. Diese religiösen Spannungen haben manchmal zu Gewalt und Diskriminierung gegen Voodoo-Praktizierende geführt. Trotz dieser Widerstände hat Voodoo überlebt und sich angepasst, und es bleibt ein vitaler Teil der haitianischen Gesellschaft und Kultur.

Zusammenfassung:

Voodoo in Haiti ist weit mehr als eine Religion; es ist eine Lebensweise, eine kulturelle Identität und eine Quelle der Stärke und Widerstandsfähigkeit. Die einzigartige Rolle, die Voodoo in der haitianischen Gesellschaft spielt, spiegelt die komplexe Geschichte und die tiefen spirituellen Bedürfnisse des haitianischen Volkes wider. Trotz der vielen Herausforderungen, denen es gegenübersteht, bleibt Voodoo eine lebendige und dynamische Kraft, die die Herzen und Seelen der Menschen in Haiti berührt und inspiriert.

In den folgenden Kapiteln werden wir weiterhin die verschiedenen Facetten des Voodoo erforschen und verstehen, wie diese alte Religion ihre Anhänger inspiriert und unterstützt, während sie sich den Herausforderungen und Veränderungen der heutigen Zeit stellt. Voodoo in Haiti bleibt ein faszinierendes und kraftvolles Beispiel dafür, wie spirituelle Traditionen über Generationen hinweg weiterleben und sich an neue Realitäten anpassen können.

Voodoo in Louisiana

Die Geschichte und Praxis von Voodoo in Louisiana, insbesondere in New Orleans, ist reich und vielschichtig. Voodoo hat sich hier zu einer einzigartigen kulturellen und spirituellen Tradition entwickelt, die tief in der afroamerikanischen Kultur verwurzelt ist und die Geschichte dieser Region maßgeblich geprägt hat. Die Verbindung zwischen Voodoo und New Orleans ist so stark, dass die Stadt oft als Synonym für diese mystische Religion betrachtet wird.

Ankunft und Verbreitung in Louisiana

Voodoo kam mit den ersten afrikanischen Sklaven nach Louisiana, die im 18. Jahrhundert in die Region gebracht wurden. Diese Sklaven brachten ihre spirituellen Praktiken und Überzeugungen mit, die sich im Laufe der Zeit mit den lokalen Traditionen und dem Katholizismus vermischten. Die geografische Lage Louisianas und die kulturelle Vielfalt in New Orleans boten einen fruchtbaren Boden für die Entstehung einer einzigartigen Form des Voodoo.

Die französische Kolonialherrschaft und die katholische Kirche beeinflussten die Entwicklung des Voodoo in Louisiana. Die katholischen Feiertage und Heiligen wurden in die Voodoo-Praxis integriert, was zu einer synkretischen Religion führte, die sowohl afrikanische als auch europäische Elemente in sich vereinte. Diese Verschmelzung schuf eine reiche spirituelle

Tradition, die tief in der afroamerikanischen Gemeinschaft verwurzelt ist.

Marie Laveau:

Die Voodoo-Königin von New Orleans

Eine der bekanntesten Figuren in der Geschichte des Voodoo in New Orleans ist Marie Laveau, die im 19. Jahrhundert als die ›Voodoo-Königin‹ bekannt wurde. Marie Laveau, eine freie Frau farbiger Abstammung, war eine charismatische und einflussreiche Persönlichkeit, die es verstand, Voodoo in der Stadt zu popularisieren und zu organisieren. Ihr Ruf als Heilerin und spirituelle Beraterin zog Menschen aus allen Gesellschaftsschichten an, von Sklaven bis zu wohlhabenden Weißen.

Marie Laveau nutzte ihre Position, um die afroamerikanische Gemeinschaft zu unterstützen und ihnen eine Stimme zu geben. Ihre Praktiken umfassten Heilungen, Gebete, Rituale und Liebeszauber, die alle tief in den Voodoo-Traditionen verwurzelt waren. Die Legenden und Geschichten um Marie Laveau sind zahlreich und haben ihren Platz in der Folklore und Geschichte von New Orleans gefunden. Sie bleibt eine zentrale Figur im kollektiven Gedächtnis der Stadt und ein Symbol für die Macht und das Mysterium des Voodoo.

Rituale und Zeremonien

Die Rituale und Zeremonien des Voodoo in Louisiana sind vielfältig und farbenfroh. Zu den bekanntesten Praktiken gehört das Ritual der Besessenheit, bei dem die Teilnehmer in Trance fallen und von den Loa, den spirituellen Wesen, besessen werden. Diese Zeremonien sind geprägt von rhythmischen Trommeln, Gesängen und Tänzen, die eine intensive spirituelle Erfahrung schaffen.

Ein weiteres wichtiges Element der Voodoo-Praxis in Louisiana sind die Voodoo-Puppen, die oft missverstanden und falsch dargestellt werden. Diese Puppen werden in Ritualen verwendet, um Heilungen zu fördern, Schutz zu bieten oder Wünsche zu erfüllen. Sie sind nicht, wie oft in populären Medien dargestellt, Werkzeuge des Fluchs, sondern dienen in erster Linie positiven Zwecken.

Opfergaben und Altäre spielen ebenfalls eine zentrale Rolle in der Voodoo-Praxis. Die Altäre, die den Loa gewidmet sind, sind oft mit Kerzen, Lebensmitteln, Alkohol und anderen Gaben geschmückt. Diese Opfergaben sind Ausdruck der Hingabe und des Respekts gegenüber den spirituellen Wesen und dienen dazu, ihre Gunst zu erlangen.

Einfluss auf die afroamerikanische Kultur

Voodoo hat die afroamerikanische Kultur in Louisiana tiefgreifend beeinflusst. Die Musik, insbesondere der Blues und Jazz, trägt deutliche Spuren der Voodoo-Traditionen. Die rhythmischen Trommeln und spirituellen Gesänge, die in den Voodoo-Zeremonien verwendet werden, haben Eingang in die Musikstile gefunden, die in New Orleans ihren Ursprung haben. Viele berühmte Musiker, darunter Louis Armstrong und

Jelly Roll Morton, haben die Einflüsse von Voodoo in ihrer Musik verarbeitet und damit zur weltweiten Bekanntheit dieser Tradition beigetragen.

Die bildende Kunst in Louisiana ist ebenfalls stark von Voodoo geprägt. Viele Künstler lassen sich von den Symbolen, Ritualen und Geschichten des Voodoo inspirieren und integrieren diese Elemente in ihre Werke. Diese Kunstwerke spiegeln die tief verwurzelte Spiritualität und die kulturelle Identität der afroamerikanischen Gemeinschaft wider.

Die Literatur und Folklore von New Orleans sind reich an Geschichten über Voodoo. Diese Erzählungen, die oft mündlich weitergegeben wurden, sind ein wichtiger Bestandteil des kulturellen Erbes der Stadt. Sie erzählen von geheimnisvollen Ritualen, mächtigen Priestern und Priesterinnen und der tiefen Verbindung zwischen den Menschen und den spirituellen Kräften, die sie umgeben.

Voodoo und der Tourismus

In der modernen Zeit ist Voodoo zu einem wichtigen Bestandteil des Tourismus in New Orleans geworden. Touristen aus aller Welt kommen in die Stadt, um die mysteriöse und faszinierende Welt des Voodoo zu erleben. Voodoo-Touren, Museen und Geschäfte, die Voodoo-Artefakte verkaufen, sind allgegenwärtig und tragen zur Wirtschaft der Stadt bei.

Diese kommerzielle Nutzung von Voodoo hat jedoch auch zu Kontroversen geführt. Viele Praktizierende kritisieren die

Vermarktung und Entstellung ihrer Religion durch den Tourismus. Sie betonen die Notwendigkeit, Voodoo als ernsthafte spirituelle Tradition zu respektieren und zu verstehen, anstatt es nur als exotische Kuriosität zu betrachten.

Zusammenfassung:

Voodoo in Louisiana, insbesondere in New Orleans, ist ein lebendiges und dynamisches Erbe, das die Kultur und Geschichte der Region tief geprägt hat. Von seinen Wurzeln in der afrikanischen Diaspora über die charismatische Führung von Marie Laveau bis hin zur modernen Rolle im Tourismus, Voodoo bleibt eine kraftvolle und einflussreiche Kraft in der afroamerikanischen Gemeinschaft.

Diese Religion bietet nicht nur eine spirituelle Zuflucht, sondern auch eine kulturelle Identität und ein Gefühl der Zusammengehörigkeit. Trotz der Herausforderungen und Missverständnisse, denen es gegenübersteht, bleibt Voodoo ein lebendiger Ausdruck der Kreativität, des Widerstands und der spirituellen Tiefe der Menschen in Louisiana.

Die Verfolgung und Missverständnisse

Voodoo, eine Religion mit tiefen Wurzeln und reicher Geschichte, war im Laufe der Jahrhunderte immer wieder Vorurteilen und Verfolgungen ausgesetzt. Diese Missverständnisse und die daraus resultierende Diskriminierung haben das öffentliche Bild von Voodoo maßgeblich geprägt und oft zu einer verzerrten Wahrnehmung geführt. Die Gründe für diese Verfolgung sind vielfältig und reichen von religiösen und rassistischen Vorurteilen bis hin zu politischer Unterdrückung.

Frühe Vorurteile und koloniale Unterdrückung

Bereits in der Kolonialzeit standen die afrikanischen spirituellen Praktiken im Visier der europäischen Kolonialherren und christlichen Missionare. Die Kolonialmächte sahen in Voodoo eine Bedrohung ihrer Autorität und Ordnung. Die religiösen Praktiken der Sklaven wurden als heidnisch und barbarisch angesehen, und es wurde versucht, sie mit Gewalt zu unterdrücken. Missionare setzten alles daran, die Sklaven zu konvertieren und ihre spirituellen Praktiken zu eliminieren.

Die Verfolgung von Voodoo in der Kolonialzeit war nicht nur ein Ausdruck religiöser Intoleranz, sondern auch ein Mittel zur Kontrolle und Unterdrückung der afrikanischen Bevölkerung. Die europäischen Kolonialherren sahen in Voodoo ein Symbol des Widerstands und der Gemeinschaftsstärkung, das ihre Macht und Autorität untergraben könnte. Dies führte zu strengen Verboten und brutalen Strafmaßnahmen gegen diejenigen, die weiterhin an ihren spirituellen Praktiken festhielten.

Voodoo und die haitianische Revolution

Ein markantes Beispiel für die Verfolgung von Voodoo und die damit verbundenen Missverständnisse zeigt sich in der haitianischen Revolution. Der Einfluss von Voodoo auf den erfolgreichen Sklavenaufstand und die anschließende Unabhängigkeit Haitis 1804 verstärkte die negative Wahrnehmung der Religion in den Augen der kolonialen und neokolonialen Mächte. Voodoo wurde als gefährlich und subversiv angesehen, da es die Menschen dazu inspirierte, gegen ihre Unterdrücker aufzubegehren.

Nach der Unabhängigkeit Haitis versuchten sowohl die neue haitianische Elite als auch die internationale Gemeinschaft, Voodoo zu diskreditieren und zu unterdrücken. Die haitianische Regierung förderte den Katholizismus und stellte Voodoo als rückständig und abergläubisch dar. Diese Bemühungen, Voodoo zu marginalisieren, trugen zur Fortsetzung der Diskriminierung und Stigmatisierung der Religion bei.

Hollywood und die mediale Verzerrung

In der modernen Zeit hat die Darstellung von Voodoo in Filmen, Büchern und anderen Medien erheblich zu den Missverständnissen beigetragen. Hollywood hat Voodoo oft als eine düstere und mysteriöse Praxis dargestellt, die mit schwarzer Magie, Zombies und bösartigen Ritualen assoziiert wird. Diese

Darstellungen sind weit entfernt von der Realität und basieren auf sensationalistischen und exotisierenden Klischees.

Filme wie ›White Zombie‹ (1932) und ›Live and Let Die‹ (1973) haben dazu beigetragen, das Bild von Voodoo als bedrohliche und okkulte Praxis zu verfestigen. Diese Stereotypen haben tief in das kollektive Bewusstsein eingeprägt und dazu geführt, dass Voodoo oft mit Angst und Misstrauen begegnet wird. Diese mediale Verzerrung hat die Bemühungen, Voodoo als ernsthafte und respektable Religion anzuerkennen, erheblich erschwert.

Religiöse Intoleranz und christlicher Widerstand

Auch innerhalb der religiösen Gemeinschaften hat Voodoo immer wieder Widerstand erfahren. Die katholische Kirche, insbesondere in Regionen wie Haiti und Louisiana, hat historisch gesehen versucht, Voodoo zu bekämpfen und seine Praktiken zu unterdrücken. Voodoo wurde als Konkurrenz zur katholischen Religion betrachtet, und es gab zahlreiche Bemühungen, seine Anhänger zu bekehren und ihre Rituale zu verbieten.

In jüngerer Zeit haben evangelikale Christen in Haiti und anderen Teilen der Karibik aggressiv gegen Voodoo missioniert. Sie betrachten Voodoo als dämonisch und versuchen, die Gläubigen davon abzubringen. Diese religiöse Intoleranz hat oft zu Konflikten und Spannungen geführt, die die soziale und kulturelle Kohärenz der betroffenen Gemeinschaften beeinträchtigen.

Gesetzliche Repression und Diskriminierung

In vielen Ländern, in denen Voodoo praktiziert wird, hat die gesetzliche Repression eine lange Geschichte. In Haiti zum Beispiel gab es mehrere Phasen, in denen die Regierung Gesetze erließ, um Voodoo zu unterdrücken. Diese Gesetze kriminalisierten Voodoo-Praktiken und erlaubten der Polizei, gegen Voodoo-Priester und -Priesterinnen vorzugehen.

Diese gesetzliche Diskriminierung spiegelt oft die tief verwurzelten Vorurteile und Ängste wider, die Voodoo umgeben. Sie führte nicht nur zu direkten Repressionen gegen die Praktizierenden, sondern auch zu einer breiteren sozialen Stigmatisierung. Menschen, die offen Voodoo praktizierten, mussten oft mit Diskriminierung und Gewalt rechnen.

Die Bemühungen um Anerkennung und Respekt

Trotz der langen Geschichte der Verfolgung und Missverständnisse gibt es auch zahlreiche Bemühungen, Voodoo als legitime und respektable Religion anzuerkennen. In Haiti wurde Voodoo 2003 offiziell als Religion anerkannt, ein bedeutender Schritt zur Anerkennung und zum Schutz der Rechte der Voodoo-Praktizierenden. Diese Anerkennung ist ein wichtiger Schritt im Kampf gegen die Diskriminierung und für die kulturelle und religiöse Vielfalt.

Bildungsinitiativen und kulturelle Programme spielen ebenfalls eine wichtige Rolle im Abbau von Vorurteilen. Durch die

Aufklärung über die tatsächlichen Praktiken und Überzeugungen des Voodoo können Missverständnisse korrigiert und der Respekt für diese reiche spirituelle Tradition gefördert werden. Museen, kulturelle Festivals und akademische Studien tragen dazu bei, ein differenziertes und respektvolles Verständnis von Voodoo zu fördern.

Zusammenfassung:

Die Geschichte der Verfolgung und Missverständnisse, denen Voodoo ausgesetzt war, ist eine Geschichte von Vorurteilen, Angst und Intoleranz. Diese Herausforderungen haben das öffentliche Bild von Voodoo stark geprägt und oft zu einer verzerrten Wahrnehmung geführt. Doch trotz der zahlreichen Hindernisse hat Voodoo überlebt und sich weiterentwickelt, eine Zeugnis für die Resilienz und die spirituelle Tiefe seiner Anhänger.

Es ist wichtig, diese Geschichte der Verfolgung zu verstehen, um die gegenwärtigen Herausforderungen und die Bemühungen um Anerkennung und Respekt in einem breiteren Kontext zu sehen. Durch die Aufklärung und den Abbau von Vorurteilen können wir dazu beitragen, eine gerechtere und respektvollere Gesellschaft zu schaffen, in der alle spirituellen Traditionen ihren Platz haben.

Voodoo und die Popkultur

Voodoo ist eine der faszinierendsten und zugleich am meisten missverstandenen Religionen der Welt. Seine Darstellung in der Popkultur hat maßgeblich zum öffentlichen Verständnis – und Missverständnis – beigetragen. Filme, Literatur und Kunst haben Voodoo oft als mysteriös, bedrohlich und exotisch dargestellt, was tiefgreifende Auswirkungen auf die Wahrnehmung dieser Religion hatte. Dieses Kapitel untersucht, wie Voodoo in verschiedenen Medien dargestellt wurde und wie diese Darstellungen das öffentliche Bild von Voodoo geprägt haben.

Voodoo im Film:

Zwischen Mystik und Sensation

Hollywood hat einen erheblichen Einfluss darauf gehabt, wie Voodoo wahrgenommen wird. Schon früh begann die Filmindustrie, Voodoo als Thema aufzugreifen, meist mit einem starken Fokus auf das Unheimliche und Sensationelle. Ein Beispiel dafür ist der Film ›White Zombie‹ (1932), der als einer der ersten Filme das Thema Voodoo aufgriff. In diesem Film wird Voodoo als dunkle Magie dargestellt, die Menschen in willenlose Zombies verwandeln kann. Diese Darstellung hat wenig mit den tatsächlichen Praktiken und Überzeugungen des Voodoo zu tun, prägte jedoch nachhaltig das Bild der Religion in der westlichen Popkultur.

Ein weiteres bekanntes Beispiel ist der James-Bond-Film ›Live and Let Die‹ (1973). In diesem Film wird Voodoo als gefährliche und bösartige Macht dargestellt, die von Schurken genutzt wird, um Macht und Kontrolle auszuüben. Solche Darstellungen sind stark sensationalistisch und haben wenig mit der Realität zu tun. Sie dienen dazu, eine exotische und bedrohliche Atmosphäre zu schaffen, was das öffentliche Verständnis von Voodoo verzerrt und stereotype Vorstellungen verstärkt.

Voodoo in der Literatur:

Vom Exotischen zum Mysteriösen

Auch in der Literatur findet sich Voodoo häufig als Thema, oft in ähnlicher Weise wie im Film. Viele Romane und Geschichten nutzen Voodoo, um eine Atmosphäre des Mysteriösen und Unheimlichen zu schaffen. Ein frühes Beispiel ist William Seabrook's ›The Magic Island‹ (1929), ein Reisebericht, der stark zur Popularisierung des Voodoo-Mythos beitrug. Seabrook beschreibt Voodoo-Rituale auf Haiti, oft mit einem fremdländischen und sensationalistischen Blick, der die westliche Leserschaft faszinierte und zugleich verängstigte.

In der modernen Literatur hat sich das Bild von Voodoo etwas differenziert. Autoren wie Jewell Parker Rhodes in ›Voodoo Dreams‹ (1993) und Zora Neale Hurston in ›Tell My Horse‹ (1938) bieten tiefere Einblicke in die Kultur und Spiritualität des Voodoo. Diese Werke versuchen, die Religion aus der Perspektive der Praktizierenden darzustellen und räumen mit vielen der gängigen Vorurteile auf. Dennoch bleibt der Einfluss der früheren, exotisierenden Darstellungen spürbar und beeinflusst das öffentliche Bild weiterhin.

Voodoo in der Kunst:

Symbolik und Missverständnisse

Die bildende Kunst hat Voodoo oft als Quelle der Inspiration genutzt, wobei die Darstellungen von Voodoo stark variieren. Einerseits gibt es Künstler, die Voodoo mit Respekt und Interesse darstellen, wie beispielsweise die haitianische Künstlerin Edouard Duval-Carrié. Seine Werke zeigen oft die Loa, die spirituellen Wesen des Voodoo-Pantheons, in einer Weise, die die spirituelle und kulturelle Tiefe der Religion würdigt.

Auf der anderen Seite finden sich in der westlichen Kunst häufig Darstellungen von Voodoo, die auf Stereotypen und Missverständnissen beruhen. Voodoo-Puppen, Schlangen und Trommeln werden oft als Symbole für das Unheimliche und Bedrohliche genutzt, was die mystische Aura der Religion verstärkt, aber auch ihre wahre Bedeutung verfälscht. Solche Darstellungen tragen zur Stigmatisierung von Voodoo bei und perpetuieren negative Stereotypen.

Die Auswirkungen der Popkultur auf das öffentliche Verständnis

Die Darstellungen von Voodoo in Film, Literatur und Kunst haben tiefgreifende Auswirkungen auf das öffentliche Verständnis der Religion. Viele Menschen, die wenig bis gar keinen direkten Kontakt mit Voodoo haben, beziehen ihr Wissen aus diesen Quellen. Die wiederholte Darstellung von Voodoo als dunkle und gefährliche Magie hat dazu geführt, dass viele Menschen die Religion mit Angst und Misstrauen betrachten.

Diese Missverständnisse und Vorurteile haben reale Auswirkungen auf die Gemeinschaften, die Voodoo praktizieren. In vielen Teilen der Welt werden Voodoo-Anhänger stigmatisiert und diskriminiert. Die falschen Darstellungen in der Popkultur tragen dazu bei, diese Vorurteile zu verstärken und erschweren es den Praktizierenden, ihre Religion offen und ohne Angst vor Verfolgung auszuüben.

Bemühungen um eine realistischere Darstellung

Es gibt jedoch auch Bemühungen, das Bild von Voodoo in der Popkultur zu korrigieren und eine realistischere und respektvollere Darstellung zu fördern. Dokumentarfilme und akademische Studien, die sich intensiv mit Voodoo auseinandersetzen, tragen dazu bei, ein differenziertes Bild der Religion zu zeichnen. Werke wie ›Divine Horsemen: The Living Gods of Haiti‹ (1954) von Maya Deren bieten tiefgehende Einblicke in die Praxis und Spiritualität des Voodoo und räumen mit vielen Mythen und Missverständnissen auf.

Darüber hinaus engagieren sich viele Voodoo-Praktizierende selbst dafür, die wahre Natur ihrer Religion zu erklären und aufzuklären. Durch kulturelle Veranstaltungen, Bildungsprogramme und die Nutzung von Medienplattformen versuchen sie, das Verständnis für Voodoo zu verbessern und die Vorurteile abzubauen, die durch die Popkultur verbreitet wurden.

Zusammenfassung:

Die Darstellung von Voodoo in der Popkultur ist ein zweischneidiges Schwert. Einerseits hat sie dazu beigetragen, das Interesse und die Faszination für diese mysteriöse Religion zu wecken. Andererseits hat sie auch zu vielen Missverständnissen und Vorurteilen geführt, die das öffentliche Bild von Voodoo verzerren. Es ist wichtig, diese Darstellungen kritisch zu hinterfragen und sich um ein tieferes und respektvolleres Verständnis der wahren Natur von Voodoo zu bemühen.

Durch die Anerkennung der Vielfalt und Tiefe von Voodoo, jenseits der sensationellen Darstellungen, können wir zu einem gerechteren und umfassenderen Verständnis dieser faszinierenden Religion gelangen. Die Herausforderungen sind groß, aber die Bemühungen um Aufklärung und Respekt bieten die Hoffnung, dass Voodoo eines Tages nicht mehr als exotische Kuriosität, sondern als das respektiert wird, was es wirklich ist: eine reiche und tiefgründige spirituelle Tradition.

Voodoo und die moderne Welt

In einer Zeit, in der sich die Welt ständig verändert und Kulturen auf beispiellose Weise miteinander verflechten, hat auch Voodoo eine bemerkenswerte Anpassungsfähigkeit bewiesen. Diese alte Religion, tief verwurzelt in den Traditionen Westafrikas und den Erfahrungen der Diaspora, steht heute vor neuen Herausforderungen und Chancen. In diesem Kapitel wird untersucht, wie Voodoo in der modernen globalisierten Welt praktiziert wird, welche Veränderungen und Anpassungen stattgefunden haben und welche Rolle die Religion in der heutigen Gesellschaft spielt.

Die globale Verbreitung und Vernetzung von Voodoo

Voodoo hat sich im Laufe der Jahrhunderte weit über seine Ursprungsorte hinaus verbreitet. Durch Migration und Diaspora ist die Religion in viele Teile der Welt gelangt, von den Karibikinseln bis zu den Städten Europas und Nordamerikas. In der modernen Welt trägt die Globalisierung weiter zur Verbreitung von Voodoo bei, da Menschen aus verschiedenen Kulturen in Kontakt kommen und religiöse Praktiken austauschen.

Moderne Kommunikationsmittel haben es Voodoo-Anhängern ermöglicht, sich weltweit zu vernetzen. Online-Plattformen und soziale Medien bieten Räume für den Austausch von Wissen und Erfahrungen, wodurch die Gemeinschaften trotz geographischer Entfernungen zusammenwachsen können. Diese Vernetzung hat auch dazu geführt, dass Voodoo-Praktizierende globale Bewegungen unterstützen und Teil größerer interreligiöser Dialoge werden.

Anpassungen an moderne Lebensweisen

Während Voodoo seine traditionellen Wurzeln bewahrt, hat es sich auch an moderne Lebensweisen angepasst. In urbanen Umgebungen, fernab der ländlichen Dörfer, wo Voodoo traditionell praktiziert wurde, haben sich neue Formen und Methoden entwickelt. Rituale und Zeremonien werden heute oft in privaten Wohnungen oder städtischen Tempeln durchgeführt, anstatt in der freien Natur.

Die moderne Medizin hat ebenfalls Einfluss auf Voodoo-Praktiken genommen. Während traditionelle Heilmethoden und Kräutermedizin weiterhin eine wichtige Rolle spielen, integrieren viele Voodoo-Anhänger auch westliche medizinische Ansätze in ihre Praktiken. Diese synkretistische Herangehensweise zeigt die Flexibilität und Anpassungsfähigkeit von Voodoo an die Bedürfnisse der heutigen Gesellschaft.

Voodoo als kulturelle Identität und Widerstand

In vielen Gemeinschaften dient Voodoo nicht nur als religiöse Praxis, sondern auch als Ausdruck kultureller Identität und Widerstand. Besonders in Regionen, die historisch durch Kolonialismus und Unterdrückung geprägt sind, wird Voodoo als Symbol des Überlebens und der kulturellen Widerstandsfähigkeit gefeiert. Es ist ein Mittel, um die eigene Geschichte und

Identität zu bewahren und gegen die Kräfte der Assimilation anzukämpfen.

In der modernen Welt wird Voodoo auch zunehmend als Teil des kulturellen Erbes anerkannt. Kulturelle Veranstaltungen, Festivals und Bildungsprogramme fördern das Verständnis und die Wertschätzung dieser alten Religion. Durch solche Initiativen wird Voodoo nicht nur als religiöse Praxis, sondern auch als wichtiger Bestandteil des kulturellen und historischen Erbes der betroffenen Gemeinschaften angesehen.

Herausforderungen und Missverständnisse

Trotz der Anpassungsfähigkeit und globalen Verbreitung steht Voodoo auch heute noch vor zahlreichen Herausforderungen. Missverständnisse und Vorurteile sind nach wie vor weit verbreitet, oft durch sensationalistische Darstellungen in den Medien und populärkulturellen Mythen verstärkt. Diese negativen Stereotypen führen häufig zu Diskriminierung und Stigmatisierung der Voodoo-Gemeinschaften.

Um diesen Herausforderungen zu begegnen, engagieren sich viele Voodoo-Praktizierende in Aufklärungsarbeit und interkulturellem Dialog. Durch Bildungsprojekte und öffentliche Veranstaltungen versuchen sie, ein differenzierteres Bild von Voodoo zu vermitteln und gegen Vorurteile anzukämpfen. Diese Bemühungen sind entscheidend, um das Verständnis und die Akzeptanz von Voodoo in der modernen Gesellschaft zu fördern.

Die spirituelle Relevanz von Voodoo heute

In der heutigen Welt, die von rasanten technologischen und sozialen Veränderungen geprägt ist, bleibt Voodoo eine Quelle spiritueller Orientierung und Unterstützung für viele Menschen. Die Religion bietet Rituale und Praktiken, die den Gläubigen helfen, mit den Herausforderungen des modernen Lebens umzugehen. Durch die Verbindung zu den Ahnen und den Loa finden viele Voodoo-Anhänger Trost und Kraft, um persönliche und gemeinschaftliche Krisen zu bewältigen.

Voodoo lehrt die Wichtigkeit von Gemeinschaft, Respekt vor der Natur und den Geistern sowie die Balance zwischen den sichtbaren und unsichtbaren Welten. Diese Werte sind auch in der modernen Welt von großer Bedeutung und bieten eine spirituelle Grundlage, die vielen Menschen Halt und Orientierung gibt.

Zusammenfassung:

Voodoo hat sich als eine flexible und anpassungsfähige Religion erwiesen, die ihre Relevanz in der modernen globalisierten Welt bewahrt hat. Durch die Integration moderner Lebensweisen und den Erhalt traditioneller Praktiken bietet Voodoo eine reiche spirituelle Ressource für seine Anhänger. Trotz der Herausforderungen und Missverständnisse, denen es gegenübersteht, bleibt Voodoo eine lebendige und dynamische Religion, die ihre Anhänger weltweit inspiriert und unterstützt.

In der globalisierten Welt von heute dient Voodoo nicht nur als religiöse Praxis, sondern auch als kultureller Anker und Ausdruck von Identität und Widerstand. Durch die fortwährende Anpassung und den interkulturellen Dialog trägt Voodoo dazu bei, das Verständnis und die Akzeptanz von Vielfalt und Spiritualität zu fördern. Diese Fähigkeit zur Transformation und Anpassung sichert Voodoo einen festen Platz in der spirituellen Landschaft der modernen Welt.

Die Wissenschaft und der Voodoo

Seit Jahrhunderten ist Voodoo ein Gegenstand der Faszination, des Mysteriums und oft auch des Missverständnisses. Während viele Aspekte dieser Religion und ihrer Praktiken in der Populärkultur und den Medien häufig verzerrt dargestellt werden, hat die wissenschaftliche Erforschung von Voodoo entscheidend dazu beigetragen, ein genaueres und differenzierteres Verständnis zu entwickeln. In diesem Kapitel wird untersucht, wie die Wissenschaft Voodoo erforscht hat, welche Erkenntnisse gewonnen wurden und wie diese das allgemeine Verständnis der Religion beeinflusst haben.

Die Anfänge der wissenschaftlichen Erforschung von Voodoo

Die wissenschaftliche Auseinandersetzung mit Voodoo begann im 19. Jahrhundert, als Ethnologen und Anthropologen begannen, die religiösen Praktiken und Glaubenssysteme indigener Völker systematisch zu dokumentieren. Pioniere wie Sir James Frazer und Edward Tylor legten den Grundstein für die vergleichende Religionswissenschaft, indem sie Voodoo als Teil einer breiteren Untersuchung von ›primitiven‹ Religionen betrachteten.

Frühe Studien waren oft von kolonialen Perspektiven geprägt und neigten dazu, Voodoo durch eine Linse westlicher Vorurteile und Missverständnisse zu sehen. Diese Arbeiten leisteten jedoch einen wichtigen Beitrag, indem sie das Interesse an der wissenschaftlichen Erforschung von Voodoo weckten und erste ethnografische Daten sammelten, die späteren Forschern als Grundlage dienten.

Ethnografische Feldforschung und tiefere Einblicke

Im 20. Jahrhundert veränderte sich die wissenschaftliche Herangehensweise an Voodoo. Forscher wie Zora Neale Hurston und Maya Deren gingen über die bloße Dokumentation hinaus und lebten für längere Zeiträume in Gemeinschaften, die Voodoo praktizierten. Durch ihre Teilhabe an Ritualen und ihre engen Beziehungen zu Praktizierenden gewannen sie tiefere Einblicke in die spirituelle und soziale Bedeutung von Voodoo.

Zora Neale Hurston, eine afroamerikanische Anthropologin und Schriftstellerin, verbrachte mehrere Jahre in Haiti und Jamaica, wo sie Voodoo intensiv studierte. Ihre Werke, insbesondere ›Tell My Horse: Voodoo and Life in Haiti and Jamaica‹, bieten eine einzigartige Perspektive, da sie sowohl als Insiderin kulturelle Verbindungen hatte als auch wissenschaftliche Methodik anwandte. Hurstons Arbeit trug wesentlich dazu bei, Voodoo als eine komplexe und bedeutungsvolle Religion zu verstehen, die weit mehr ist als die Stereotypen und Mythen, die oft in den Medien dargestellt werden.

Maya Deren, eine Filmemacherin und Anthropologin, vertiefte das Verständnis von Voodoo durch ihre filmische und schriftliche Dokumentation. Ihr Buch ›Divine Horsemen: The Living Gods of Haiti‹ und der gleichnamige Film geben einen lebendigen Einblick in die Rituale und spirituellen Praktiken des haitianischen Voodoo. Deren zeigte, wie die Religion tief in den Alltag der Menschen integriert ist und eine dynamische Verbindung zwischen den Praktizierenden und ihren spirituellen Kräften herstellt.

Die Rolle der Soziologie und Psychologie

Die wissenschaftliche Erforschung von Voodoo beschränkt sich nicht nur auf die Anthropologie. Soziologen und Psychologen haben ebenfalls wichtige Beiträge geleistet, indem sie die sozialen und psychologischen Dimensionen der Religion untersucht haben. Voodoo bietet ein reiches Feld für die Erforschung von Gemeinschaftsstrukturen, sozialer Identität und psychologischen Mechanismen der Heilung und Bewältigung.

Soziologen haben untersucht, wie Voodoo als soziales Netzwerk fungiert, das Gemeinschaften zusammenhält und soziale Kohäsion schafft. Rituale und Zeremonien dienen nicht nur spirituellen Zwecken, sondern stärken auch soziale Bindungen und schaffen ein Gefühl der Zugehörigkeit und Solidarität. In Gesellschaften, die von Armut, Unterdrückung und sozialen Spannungen geprägt sind, spielt Voodoo eine wichtige Rolle bei der Bewältigung und dem Widerstand.

Psychologen haben sich mit den heilenden Aspekten von Voodoo beschäftigt. Die Verwendung von Trancezuständen und spirituellen Heilmethoden bietet Einblicke in die menschliche Psyche und die komplexen Wechselwirkungen zwischen Geist und Körper. Studien haben gezeigt, dass Voodoo-

Heilrituale oft therapeutische Wirkungen haben, indem sie psychische Spannungen abbauen und emotionale Heilung fördern.

Interdisziplinäre Ansätze und neue Perspektiven

Die Erforschung von Voodoo hat sich im Laufe der Zeit zu einem interdisziplinären Feld entwickelt, das Anthropologie, Soziologie, Psychologie, Geschichte und Religionswissenschaften miteinander verbindet. Diese ganzheitliche Herangehensweise ermöglicht ein tieferes Verständnis der Religion in all ihren Facetten.

Historiker haben die Entwicklung und Transformation von Voodoo im Kontext der kolonialen und postkolonialen Geschichte untersucht. Sie haben gezeigt, wie Voodoo als Form des Widerstands gegen koloniale Unterdrückung und als Mittel zur Bewahrung kultureller Identität diente. Diese historische Perspektive hilft zu verstehen, wie Voodoo sich an verschiedene soziale und politische Kontexte angepasst hat und weiterhin eine wichtige Rolle in der Identitätsbildung spielt.

Religionswissenschaftler haben Voodoo im Vergleich zu anderen spirituellen Traditionen untersucht, um Gemeinsamkeiten und Unterschiede herauszuarbeiten. Sie haben gezeigt, dass Voodoo, obwohl es einzigartige Merkmale aufweist, viele universelle Elemente enthält, die in anderen Religionen ebenfalls zu finden sind. Diese vergleichenden Studien tragen dazu bei, Voodoo als gleichwertige und bedeutungsvolle Religion anzuerkennen.

Die Bedeutung der wissenschaftlichen Erforschung von Voodoo

Die wissenschaftliche Erforschung von Voodoo hat entscheidend dazu beigetragen, die Religion von Vorurteilen und Missverständnissen zu befreien. Durch sorgfältige ethnografische Feldforschung, soziologische und psychologische Analysen sowie interdisziplinäre Ansätze haben Wissenschaftler gezeigt, dass Voodoo eine komplexe, dynamische und tief spirituelle Religion ist.

Diese Erkenntnisse haben nicht nur das akademische Verständnis von Voodoo verbessert, sondern auch dazu beigetragen, das öffentliche Bild der Religion zu korrigieren. Bildungsinitiativen und kulturelle Programme, die auf wissenschaftlichen Studien basieren, fördern ein differenzierteres und respektvolleres Verständnis von Voodoo in der breiten Öffentlichkeit.

Ausblick:

Zukünftige Forschungsrichtungen

Trotz der Fortschritte bleibt noch viel zu erforschen. Zukünftige Studien könnten sich verstärkt mit den modernen Transformationen von Voodoo in der globalisierten Welt auseinandersetzen. Wie passen sich Voodoo-Praktiken an neue Technologien und urbane Lebensweisen an? Welche Rolle spielt Voodoo in der Diaspora und wie beeinflussen globale Netzwerke die Religion?

Auch die ökologische Dimension von Voodoo bietet ein spannendes Forschungsfeld. Angesichts globaler Umweltkrisen könnte die spirituelle Verbindung zu natürlichen Elementen und die traditionelle ökologische Weisheit von Voodoo neue Perspektiven und Lösungsansätze bieten.

Zusammenfassung:

Die wissenschaftliche Erforschung von Voodoo hat das Verständnis dieser Religion revolutioniert. Durch interdisziplinäre Ansätze und tiefgehende Feldforschung haben Wissenschaftler gezeigt, dass Voodoo weit mehr ist als die oft verzerrten Darstellungen in der Popkultur. Es ist eine reiche, dynamische und bedeutungsvolle spirituelle Tradition, die tief in den sozialen, kulturellen und psychologischen Strukturen der Gemeinschaften verwurzelt ist, die sie praktizieren.

Indem wir Voodoo durch die Linse der Wissenschaft betrachten, gewinnen wir nicht nur ein besseres Verständnis dieser faszinierenden Religion, sondern auch wertvolle Einblicke in die menschliche Natur und die Vielfalt spiritueller Ausdrucksformen. Die Erforschung von Voodoo lehrt uns Respekt und Anerkennung für die kulturelle und spirituelle Vielfalt unserer Welt und bietet die Möglichkeit, Vorurteile abzubauen und Brücken zwischen verschiedenen Kulturen zu schlagen.

Die Zukunft von Voodoo

Die Zukunft des Voodoo, einer Religion mit tiefen Wurzeln und einer reichen Geschichte, steht im Spannungsfeld zwischen Tradition und Moderne. Angesichts der sich ständig wandelnden Welt und der Herausforderungen, die diese mit sich bringt, stellt sich die Frage, wie Voodoo seine Identität bewahren und gleichzeitig auf neue Gegebenheiten reagieren kann.

Voodoo und die Globalisierung

Die Globalisierung hat weitreichende Auswirkungen auf alle Kulturen und Religionen der Welt, und Voodoo bildet da keine Ausnahme. Einerseits bietet die Vernetzung über Grenzen hinweg die Möglichkeit, Voodoo-Praktiken und -Glaubensvorstellungen einem breiteren Publikum zugänglich zu machen. Die Diaspora, bestehend aus Nachfahren versklavter Afrikaner, hat Voodoo bereits in viele Teile der Welt getragen, und moderne Kommunikationsmittel verstärken diese Verbreitung noch.

Dank des Internets und sozialer Medien können Voodoo-Praktizierende und Interessierte nun Informationen austauschen, Rituale teilen und Gemeinschaften bilden, die geografisch weit auseinander liegen. Diese Vernetzung fördert ein dynamisches Wachstum der Religion und ermöglicht es, Traditionen in einem modernen Kontext neu zu interpretieren.

Doch die Herausforderung bleibt, die Authentizität und Integrität der Praktiken zu bewahren, während sie sich an neue kulturelle und soziale Umgebungen anpassen.

Die Rolle der Jugend

Eine zentrale Frage für die Zukunft des Voodoo ist, wie die jüngere Generation die Religion aufnimmt und weiterentwickelt. In vielen Voodoo-Gemeinschaften wird Wissen mündlich von Generation zu Generation weitergegeben. Die Jugend steht vor der Aufgabe, dieses Erbe zu bewahren und gleichzeitig Wege zu finden, es in ihrem eigenen Leben relevant und lebendig zu halten.

Es ist ermutigend zu sehen, dass viele junge Menschen aktiv daran arbeiten, Voodoo-Traditionen zu lernen und zu praktizieren. Sie nutzen moderne Technologien, um das Wissen ihrer Vorfahren zu dokumentieren und zu verbreiten. Dies eröffnet neue Möglichkeiten für die Bewahrung und Weiterentwicklung von Voodoo in einer Weise, die sowohl die Vergangenheit respektiert als auch die Zukunft gestaltet.

Herausforderungen und Missverständnisse

Trotz der positiven Entwicklungen steht Voodoo weiterhin vor erheblichen Herausforderungen. Missverständnisse und Vorurteile sind nach wie vor weit verbreitet, was oft zu Diskriminierung und Verfolgung führt. In vielen Ländern, einschließlich Haiti und den Vereinigten Staaten, kämpfen Voodoo-Praktizierende um Anerkennung und Respekt.

Es ist wichtig, dass Bildungsinitiativen und Aufklärungsarbeit fortgesetzt und intensiviert werden. Akademische Studien, Dokumentarfilme und kulturelle Programme können dazu beitragen, ein differenziertes Bild von Voodoo zu vermitteln und die reiche spirituelle und kulturelle Bedeutung der Religion hervorzuheben. Durch den Abbau von Vorurteilen kann ein Umfeld geschaffen werden, in dem Voodoo gedeihen kann.

Ökologie und Nachhaltigkeit

In einer Zeit globaler ökologischer Krisen spielt Voodoo eine einzigartige Rolle. Die Religion betont die Verbundenheit mit der Natur und die Achtung vor allen Lebewesen. Voodoo-Praktiken, die auf Heilung und Balance ausgerichtet sind, bieten wertvolle Lektionen für nachhaltige Lebensweisen.

Viele Voodoo-Gemeinschaften engagieren sich aktiv im Umweltschutz und fördern nachhaltige Praktiken. Diese Initiativen könnten in Zukunft weiter ausgebaut werden, indem sie mit globalen Umweltbewegungen zusammenarbeiten und traditionelle Weisheit mit modernen wissenschaftlichen Erkenntnissen verbinden. Voodoo könnte so nicht nur seine spirituellen Ziele verfolgen, sondern auch einen bedeutenden Beitrag zum globalen Umweltschutz leisten.

Integration und Identität

Die Zukunft von Voodoo wird auch davon abhängen, wie gut es gelingt, die Religion in eine pluralistische und multikulturelle

Welt zu integrieren. In vielen Ländern, insbesondere in der Diaspora, leben Voodoo-Praktizierende in einer Umgebung, die von verschiedenen Religionen und kulturellen Traditionen geprägt ist.

Es wird entscheidend sein, dass Voodoo-Gemeinschaften Wege finden, ihre Identität zu bewahren und gleichzeitig offen für interkulturellen Dialog und Zusammenarbeit zu sein. Der Synkretismus, der schon immer ein Merkmal des Voodoo war, könnte hierbei eine wichtige Rolle spielen. Durch die kreative Integration von Elementen aus verschiedenen Traditionen kann Voodoo seine Relevanz und Vitalität in einer sich wandelnden Welt bewahren.

Zusammenfassung:

Eine dynamische Zukunft

Die Zukunft von Voodoo ist dynamisch und vielversprechend. Trotz der Herausforderungen gibt es zahlreiche Anzeichen für eine lebendige und anpassungsfähige Religion, die in der Lage ist, sich den Anforderungen der modernen Welt zu stellen. Durch die Bewahrung traditioneller Werte und die kreative Anpassung an neue Kontexte kann Voodoo seine Rolle als wichtige spirituelle Kraft in der globalen Gesellschaft behaupten.

Es liegt an den Gemeinschaften, Praktizierenden und Forschern, die Zukunft von Voodoo aktiv zu gestalten. Indem sie auf die Herausforderungen reagieren und die Möglichkeiten nutzen, können sie sicherstellen, dass Voodoo weiterhin eine Quelle der spirituellen Erfüllung, kulturellen Identität und sozialen Kohäsion bleibt. Voodoo, eine Religion mit tiefen Wurzeln und einem reichen Erbe, hat das Potenzial, in einer sich ständig wandelnden Welt zu gedeihen und zu wachsen.

Die Rezeption von Voodoo
in verschiedenen Kulturen

Die Rezeption von Voodoo in verschiedenen Kulturen zeigt ein vielschichtiges und oft widersprüchliches Bild. Diese Religion, die tief in den spirituellen Traditionen Westafrikas verwurzelt ist, hat durch die Jahrhunderte eine bemerkenswerte Wandlung erfahren und wurde auf ihrer Reise durch die Karibik und Amerika von unterschiedlichsten Kulturen aufgenommen, interpretiert und manchmal missverstanden.

Voodoo in der Karibik

In der Karibik, insbesondere in Haiti, ist Voodoo ein integraler Bestandteil des kulturellen und religiösen Lebens. Die Ankunft afrikanischer Sklaven auf den Zuckerplantagen brachte nicht nur Arbeitskraft, sondern auch ihre spirituellen Praktiken und Glaubensvorstellungen mit sich. Voodoo wurde in Haiti zu einem Symbol des Widerstands und der Identität, besonders während der Haitianischen Revolution. Die Verschmelzung afrikanischer Traditionen mit katholischen Riten und einheimischen Überzeugungen führte zu einer einzigartigen Form des Voodoo, die sowohl religiöse als auch kulturelle Elemente enthält.

Voodoo in Louisiana

In Louisiana, besonders in New Orleans, hat Voodoo eine ebenfalls bedeutende Rolle gespielt. Hier vermischten sich afrikanische, französische, spanische und einheimische Einflüsse zu einer eigenständigen Variante des Voodoo. New Orleans Voodoo ist bekannt für seine besonderen Rituale, die stark von der katholischen Liturgie geprägt sind, und für die berühmten Voodoo-Queens wie Marie Laveau. Diese synkretische Religion hat sich tief in die kulturelle Identität der Stadt eingeprägt und ist heute sowohl eine spirituelle Praxis als auch eine touristische Attraktion.

Die Rolle des Synkretismus

Ein bemerkenswertes Merkmal von Voodoo ist seine Fähigkeit zur Anpassung und Verschmelzung mit anderen religiösen Traditionen. Dieser Synkretismus hat Voodoo nicht nur in der Karibik und Louisiana geprägt, sondern auch seine Rezeption in anderen Teilen der Welt beeinflusst. In Brasilien etwa finden sich ähnliche synkretische Religionen wie Candomblé und Umbanda, die afrikanische, katholische und indigene Einflüsse vereinen. Diese Religionen teilen viele spirituelle Konzepte mit Voodoo, was zu einer gegenseitigen Beeinflussung und einer breiteren Akzeptanz geführt hat.

Voodoo in der modernen Popkultur

Die moderne Popkultur hat Voodoo in vielen Formen aufgenommen und oft stereotypisiert. Filme, Bücher und Musik haben Voodoo häufig als mysteriös und exotisch dargestellt, was zu einem verzerrten Bild der Religion geführt hat. Während diese Darstellungen dazu beigetragen haben, das Interesse an Voodoo zu wecken, haben sie gleichzeitig Missverständnisse und Vorurteile verstärkt. Voodoo wird oft auf seine magischen Aspekte reduziert und als dunkle, gefährliche Praxis dargestellt, was der komplexen und vielschichtigen Natur der Religion nicht gerecht wird.

Wissenschaftliche und akademische Perspektiven

Die wissenschaftliche Erforschung von Voodoo hat dazu beigetragen, ein differenzierteres Verständnis der Religion zu fördern. Ethnologen, Anthropologen und Historiker haben umfangreiche Studien durchgeführt, um die Ursprünge, Praktiken und sozialen Funktionen von Voodoo zu dokumentieren und zu analysieren. Diese Forschung hat gezeigt, dass Voodoo weit mehr ist als nur ein System magischer Praktiken; es ist eine tief verwurzelte spirituelle Tradition, die Gemeinschaften stärkt und individuelle sowie kollektive Identitäten formt.

Voodoo und die Diaspora

Die afrikanische Diaspora hat Voodoo in viele Teile der Welt getragen, wo es neue Formen angenommen und sich an unterschiedliche kulturelle Kontexte angepasst hat. In den Vereinigten Staaten etwa praktizieren Nachfahren afrikanischer Sklaven Voodoo in einer Weise, die sowohl traditionelle als auch moderne Elemente integriert. Diese Diaspora-Gemeinschaften haben Voodoo lebendig gehalten und es gleichzeitig weiterentwickelt, um den Bedürfnissen und Herausforderungen des modernen Lebens gerecht zu werden.

Die Rolle von Voodoo in der globalisierten Welt

In einer globalisierten Welt steht Voodoo vor der Herausforderung, seine Traditionen zu bewahren und gleichzeitig auf neue Einflüsse und Bedingungen zu reagieren. Die Migration und die Vernetzung durch moderne Kommunikationsmittel haben es Voodoo-Gemeinschaften ermöglicht, sich zu vernetzen und ihre Praktiken zu teilen. Diese globale Verbreitung bietet Chancen für den Austausch und die Weiterentwicklung von Voodoo, birgt aber auch die Gefahr der Verwässerung und Kommerzialisierung.

Zusammenfassung:

Eine dynamische Zukunft

Die Rezeption von Voodoo in verschiedenen Kulturen zeigt, dass diese Religion eine bemerkenswerte Fähigkeit zur Anpassung und Transformation besitzt. Trotz der Herausforderungen, die mit Vorurteilen und Missverständnissen einhergehen, bleibt Voodoo eine lebendige und dynamische Tradition. Die Zukunft von Voodoo wird davon abhängen, wie gut es gelingt, die Balance zwischen Bewahrung und Innovation zu finden und die tief verwurzelten spirituellen und kulturellen Werte in einer sich wandelnden Welt zu erhalten.

Die Rolle von Frauen im Voodoo

Die Rolle von Frauen im Voodoo ist von herausragender Bedeutung und tief in der Struktur dieser spirituellen Praxis verwurzelt. Frauen spielen nicht nur eine zentrale Rolle in der täglichen Ausübung von Voodoo, sondern übernehmen auch Schlüsselpositionen in der Führung und Weitergabe der Traditionen. Diese bedeutende Stellung spiegelt sich sowohl in historischen als auch in modernen Kontexten wider und unterstreicht die besondere Dynamik und die Egalität, die Voodoo innerhalb seiner Gemeinschaften fördert.

Historische Perspektive

Schon in den frühesten Formen von Voodoo in Westafrika waren Frauen oft als Priesterinnen und spirituelle Führerinnen tätig. Diese Tradition setzte sich in der Neuen Welt fort, wo afrikanische Sklavinnen ihre spirituellen Praktiken unter den extremen Bedingungen der Sklaverei aufrechterhielten und weiterentwickelten. In Haiti und anderen Teilen der Karibik wurden Frauen zu wichtigen Akteurinnen in der spirituellen Landschaft und trugen entscheidend zur Bewahrung und Anpassung von Voodoo bei.

Die Voodoo-Queen von New Orleans

Ein herausragendes Beispiel für die Macht und den Einfluss von Frauen im Voodoo ist Marie Laveau, die berühmte Voodoo-Queen von New Orleans. Im 19. Jahrhundert erlangte sie große Bekanntheit und Einfluss nicht nur innerhalb der afroamerikanischen Gemeinschaft, sondern auch in der gesamten Stadt. Marie Laveau war eine charismatische Führerin, die sowohl spirituelle als auch politische Macht ausübte. Ihre Praktiken und Rituale zogen Menschen aus allen Gesellschaftsschichten an, und ihre Nachkommen setzten ihre Tradition fort, wodurch der Ruf von Voodoo in New Orleans bis heute lebendig bleibt.

Priesterinnen und Mambos

In Haiti und anderen Voodoo-traditionellen Gebieten werden Frauen oft zu Mambos, den Priesterinnen des Voodoo. Mambos spielen eine zentrale Rolle in der Leitung von Zeremonien, der Heilung und der spirituellen Führung der Gemeinschaft. Sie sind Hüterinnen des Wissens und der Traditionen und tragen wesentlich zur spirituellen und sozialen Kohäsion der Voodoo-Gemeinschaften bei. Die Ausbildung zur Mambo erfordert jahrelange Hingabe und Lernen, was die Bedeutung und den Respekt, den diese Frauen innerhalb der Gemeinschaft genießen, unterstreicht.

Rituale und Zeremonien

Frauen sind oft die Hauptakteurinnen in den zahlreichen Ritualen und Zeremonien des Voodoo. Sie leiten die Tänze, Gesänge und Gebete, die wesentliche Bestandteile der Voodoo-Praxis sind. In den Besessenheitszeremonien, bei denen die Gläubigen von den Loa, den Geisterwesen, ›beherrscht‹ werden, spielen Frauen eine zentrale Rolle sowohl als Vermittlerinnen zwischen den Geistern und den Menschen als auch als aktive Teilnehmerinnen, die die spirituelle Ekstase und Heilung erfahren und weitergeben.

Die Rolle von Frauen in der Gemeinschaft

Die Bedeutung von Frauen im Voodoo geht über die rein spirituelle Dimension hinaus. Sie sind oft die sozialen und wirtschaftlichen Stützen ihrer Gemeinschaften, organisieren und leiten gemeinschaftliche Aktivitäten und bieten Unterstützung und Führung in schwierigen Zeiten. Ihre Position in der Gemeinschaft stärkt die kollektive Identität und das Zusammengehörigkeitsgefühl, das für die Voodoo-Praxis so entscheidend ist.

Herausforderungen und Wandel

Wie in vielen traditionellen Gemeinschaften sehen sich auch Frauen im Voodoo mit Herausforderungen konfrontiert. Moderne Einflüsse, Migration und der Wandel sozialer Strukturen können Spannungen erzeugen, die die traditionellen Rollen infrage stellen. Dennoch zeigen viele Voodoo-Gemeinschaften eine bemerkenswerte Fähigkeit zur Anpassung und Integration moderner Elemente, ohne ihre grundlegenden Werte und Traditionen aufzugeben.

Einige Frauen in der Diaspora, insbesondere in den Vereinigten Staaten und Europa, haben begonnen, Voodoo-Praktiken in neue Kontexte zu bringen und sie mit anderen spirituellen und therapeutischen Ansätzen zu verknüpfen. Diese neuen Interpretationen und Anwendungen von Voodoo zeigen die Flexibilität und Resilienz der Religion und betonen die Rolle von Frauen als Innovatorinnen und Bewahrerinnen ihrer spirituellen Erbschaft.

Zusammenfassung:

Eine dynamische Rolle

Die Rolle von Frauen im Voodoo ist dynamisch und vielschichtig. Sie sind nicht nur Hüterinnen und Übermittlerinnen der Traditionen, sondern auch aktive Gestalterinnen und Führerinnen ihrer Gemeinschaften. Ihre Fähigkeit, spirituelle, soziale und kulturelle Aufgaben zu verbinden, macht sie zu zentralen Figuren in der fortwährenden Evolution von Voodoo.

Durch ihre tief verwurzelte Spiritualität und ihr Engagement für die Gemeinschaft tragen Frauen entscheidend dazu bei, dass Voodoo als lebendige und kraftvolle Religion fortbesteht. Ihre Geschichten und Beiträge sind ein wesentlicher Bestandteil der Erzählung von Voodoo und bieten wertvolle Einblicke in die Stärke und Vielfalt dieser bemerkenswerten spirituellen Tradition.

Voodoo und soziale Gerechtigkeit

Die Kraft von Voodoo, soziale Gerechtigkeit zu fördern und als Werkzeug der Befreiung zu dienen, ist tief in der Geschichte und den Praktiken dieser Religion verankert. Voodoo bietet nicht nur spirituelle Unterstützung, sondern auch ein starkes Gemeinschaftsgefühl und einen Widerstandsgeist, der in Zeiten von Unterdrückung und Ungerechtigkeit von zentraler Bedeutung ist. In diesem Kapitel wird untersucht, wie Voodoo im Laufe der Geschichte und in der modernen Welt als Katalysator für soziale Gerechtigkeit und Befreiung gewirkt hat.

Historische Wurzeln des Widerstands

Die Ursprünge von Voodoo liegen in Westafrika, wo es als integraler Bestandteil des täglichen Lebens und der Gesellschaft fungierte. Mit der Verschleppung von Afrikanern in die Neue Welt durch den transatlantischen Sklavenhandel wurde Voodoo zu einem Symbol des Widerstands und der Hoffnung. Sklaven in den Kolonien, insbesondere in Haiti, bewahrten ihre religiösen Traditionen als Form der kulturellen und spirituellen Rebellion gegen die brutale Unterdrückung. Voodoo bot einen geheimen Raum für die Aufrechterhaltung der kulturellen Identität und für die Organisation gegen die Kolonialmächte.

Die haitianische Revolution

Ein bedeutendes Beispiel für die Rolle von Voodoo als Werkzeug der sozialen Gerechtigkeit ist die haitianische Revolution (1791-1804). Diese war die erste und einzige erfolgreiche Sklavenrevolte in der Geschichte, die zur Gründung eines unabhängigen Staates führte. Voodoo spielte eine entscheidende Rolle in der Mobilisierung und Einigung der versklavten Afrikaner. Der berühmte Voodoo-Priester Boukman Dutty gilt als einer der Anführer des Aufstands, und eine Voodoo-Zeremonie, die als ›Boukman-Zeremonie‹ bekannt ist, wird als der symbolische Beginn der Revolution betrachtet. Diese Zeremonie stärkte den Kampfgeist und die Entschlossenheit der Sklaven, für ihre Freiheit zu kämpfen.

Voodoo und Gemeinschaft

In den Voodoo-Gemeinschaften spielt das Konzept der Gemeinschaft eine zentrale Rolle. Die Religion fördert ein starkes Gefühl der Solidarität und des Zusammenhalts, was besonders in Zeiten sozialer Ungerechtigkeit von Bedeutung ist. Gemeinschaftliche Rituale und Zeremonien bieten nicht nur spirituelle Erleichterung, sondern auch psychologische und emotionale Unterstützung. In Haiti und anderen Teilen der Karibik dient Voodoo oft als soziales Netzwerk, das den Mitgliedern hilft, sich gegenseitig zu unterstützen und gemeinsam gegen Ungerechtigkeiten vorzugehen.

Moderne Bewegungen und Voodoo

In der modernen Welt hat Voodoo weiterhin Bedeutung als Werkzeug der sozialen Gerechtigkeit. In den haitianischen Diaspora-Gemeinschaften, insbesondere in den USA und Kanada, nutzen Aktivisten Voodoo, um Bewusstsein für soziale und politische Probleme zu schaffen. Die spirituelle Führung und die Gemeinschaftsdienste, die Voodoo bietet, sind wichtige Ressourcen für diejenigen, die gegen Rassismus, Armut und soziale Ungleichheit kämpfen.

Voodoo und Frauenrechte

Frauen spielen eine zentrale Rolle im Voodoo und nutzen diese Position oft, um für soziale Gerechtigkeit und Frauenrechte zu kämpfen. Voodoo-Priesterinnen, bekannt als Mambos, sind oft an vorderster Front, wenn es darum geht, gegen geschlechtsspezifische Ungerechtigkeiten vorzugehen und Frauen in ihren Gemeinschaften zu unterstützen. Durch ihre spirituelle Führung und ihre Rolle als Hüterinnen des Wissens tragen sie dazu bei, die Position von Frauen zu stärken und ihnen eine Stimme in sozialen und politischen Angelegenheiten zu geben.

Voodoo als kulturelle Resilienz

Voodoo dient auch als Symbol der kulturellen Resilienz. In einer Welt, die oft versucht, indigene und afrikanische Kulturen zu marginalisieren, bleibt Voodoo ein stolzes Zeichen des kulturellen Erbes und der Identität. Diese Resilienz ist ein wichtiger Aspekt des Kampfes für soziale Gerechtigkeit, da sie die Menschen daran erinnert, dass ihre Kultur und ihre Traditionen wertvoll und bedeutungsvoll sind.

Zusammenfassung:

Voodoo und die Zukunft der sozialen Gerechtigkeit

Die Rolle von Voodoo als Werkzeug der sozialen Gerechtigkeit und Befreiung ist ein kraftvolles Zeugnis für die Stärke und den Widerstandsgeist dieser Religion. Von den frühesten Tagen des transatlantischen Sklavenhandels bis zu den modernen sozialen Bewegungen hat Voodoo stets eine bedeutende Rolle im Kampf gegen Unterdrückung und Ungerechtigkeit gespielt. Durch seine tief verwurzelte Spiritualität, sein starkes Gemeinschaftsgefühl und seine Fähigkeit, sich an veränderte soziale und politische Kontexte anzupassen, bleibt Voodoo ein lebendiger und relevanter Akteur im Streben nach sozialer Gerechtigkeit und Befreiung in der modernen Welt.

Die Verbindung von

Voodoo und Umweltschutz

Voodoo, eine Religion, die tief in den spirituellen Traditionen Afrikas verwurzelt ist und sich durch die Geschichte der Diaspora weiterentwickelt hat, weist eine bemerkenswerte Verbindung zur natürlichen Umwelt auf. Diese Verbindung zeigt sich nicht nur in der Art und Weise, wie Voodoo-Praktizierende die Natur verehren und respektieren, sondern auch in ihrem Engagement für den Schutz und die Erhaltung der natürlichen Ressourcen. In diesem Kapitel wird untersucht, wie Voodoo als eine Religion, die die spirituelle Bedeutung der Natur anerkennt, zum Umweltschutz beiträgt.

Spirituelle Bedeutung der Natur im Voodoo

Im Zentrum des Voodoo-Glaubens steht die Anerkennung der Heiligkeit der natürlichen Welt. Die Natur wird als lebendig und beseelt betrachtet, durchdrungen von spirituellen Kräften und Wesen, die als Loa bekannt sind. Diese Geister, die in Flüssen, Bäumen, Bergen und anderen natürlichen Elementen wohnen, sind zentrale Figuren im Voodoo-Pantheon. Der Respekt vor diesen Geistern und der natürlichen Welt, in der sie leben, ist ein grundlegender Aspekt der Voodoo-Praxis.

In den traditionellen Voodoo-Gemeinschaften Westafrikas, sowie in den karibischen und amerikanischen Diaspora-Gemeinschaften, wird die Natur als eine Quelle spiritueller Kraft und Weisheit angesehen. Zeremonien und Rituale finden oft in natürlichen Umgebungen statt, und viele Voodoo-Praktiken beinhalten die Verwendung von Pflanzen, Wasser und anderen natürlichen Materialien. Diese Praktiken spiegeln das tiefe Verständnis und die Wertschätzung der natürlichen Welt wider, die im Voodoo zentral sind.

Naturschutz als spirituelle Pflicht

Für viele Voodoo-Anhänger ist der Schutz der Umwelt nicht nur eine praktische Notwendigkeit, sondern auch eine spirituelle Pflicht. Die Achtung der Natur und der Geister, die in ihr leben, bedeutet auch, sie vor Schaden zu bewahren. Umweltzerstörung wird als eine Form der Respektlosigkeit gegenüber den Loa und der spirituellen Ordnung der Welt betrachtet. Dies hat dazu geführt, dass Voodoo-Gemeinschaften oft eine aktive Rolle im Umweltschutz spielen.

In Haiti beispielsweise engagieren sich viele Voodoo-Gemeinschaften in Initiativen zur Wiederaufforstung und zum Schutz der Wasserressourcen. Sie sehen diese Maßnahmen nicht nur als notwendig für das Überleben ihrer Gemeinschaften, sondern auch als Akt der Verehrung und des Schutzes der spirituellen Kräfte der Natur. Durch Rituale und Gebete, die auf die Heilung der Umwelt abzielen, verbinden sie ihre spirituelle Praxis direkt mit dem Umweltschutz.

Nachhaltigkeit und traditionelle Praktiken

Die traditionellen Praktiken des Voodoo fördern oft eine nachhaltige Nutzung der natürlichen Ressourcen. Pflanzen, die in Heilungsritualen verwendet werden, werden mit Sorgfalt geerntet, um sicherzustellen, dass sie nachwachsen und die Umwelt nicht geschädigt wird. Wasser, ein wichtiges Element in vielen Voodoo-Ritualen, wird als heilig betrachtet und mit größtem Respekt behandelt.

Diese nachhaltigen Praktiken sind oft tief in der kulturellen Weisheit und den überlieferten Kenntnissen der Voodoo-Gemeinschaften verwurzelt. Sie bieten wertvolle Lektionen für die moderne Welt, die sich zunehmend den Herausforderungen des Klimawandels und der Umweltzerstörung stellen muss. Die Betonung der Nachhaltigkeit und des Respekts vor der Natur im Voodoo kann als Modell für umweltbewusstes Handeln dienen.

Voodoo und die globale Umweltschutzbewegung

In der globalen Umweltschutzbewegung findet das Wissen und die Praxis des Voodoo zunehmend Anerkennung. Die Betonung der spirituellen Bedeutung der Natur im Voodoo bietet eine alternative Perspektive auf den Umweltschutz, die über rein ökonomische oder wissenschaftliche Ansätze hinausgeht. Diese Perspektive kann dazu beitragen, ein tieferes Verständnis und eine stärkere Verpflichtung zum Schutz der Umwelt zu fördern.

Voodoo-Praktizierende und ihre Gemeinschaften haben begonnen, sich mit internationalen Umweltschutzorganisationen zu vernetzen und ihre traditionellen Kenntnisse und Praktiken in größere Initiativen einzubringen. Dies hat zu einer bereichernden Austausch geführt, bei dem das spirituelle Verständnis der Natur im Voodoo neue Impulse und Inspirationen für den globalen Umweltschutz bietet.

Herausforderungen und Möglichkeiten

Trotz der positiven Verbindungen zwischen Voodoo und Umweltschutz stehen Voodoo-Gemeinschaften auch vor Herausforderungen. Die zunehmende Umweltzerstörung und der Verlust von Lebensräumen bedrohen nicht nur die natürlichen Ressourcen, sondern auch die spirituelle Praxis des Voodoo, die auf diese Ressourcen angewiesen ist. Der Klimawandel, die Abholzung und die Verschmutzung stellen ernsthafte Bedrohungen dar, die kollektives Handeln erfordern.

Gleichzeitig bietet die enge Verbindung zwischen Voodoo und der natürlichen Umwelt auch Möglichkeiten. Durch die Einbindung von Voodoo-Praktiken in größere Umweltschutzstrategien können innovative und kulturell verankerte Ansätze entwickelt werden, die sowohl die Umwelt schützen als auch die kulturelle und spirituelle Integrität der Voodoo-Gemeinschaften bewahren.

Zusammenfassung:

Voodoo und die Heiligkeit der Natur

Die Verbindung zwischen Voodoo und Umweltschutz ist tief und vielschichtig. Sie spiegelt ein Verständnis und eine Wertschätzung der Natur wider, die in vielen modernen Gesellschaften verloren gegangen sind. Durch ihre spirituellen Praktiken und ihren Respekt vor der natürlichen Welt bieten Voodoo-Gemeinschaften wertvolle Lektionen für den Schutz der Umwelt und die Förderung der sozialen Gerechtigkeit.

In einer Zeit, in der die Welt vor beispiellosen ökologischen Herausforderungen steht, kann die Weisheit und die Praxis des Voodoo dazu beitragen, neue Wege des Umweltschutzes und der spirituellen Verbundenheit mit der Natur zu finden. Indem wir die Lehren des Voodoo über die Heiligkeit der Natur und die Verantwortung, sie zu schützen, anerkennen und integrieren, können wir eine tiefere und nachhaltigere Beziehung zur Umwelt entwickeln.

Die wirtschaftliche und politische Bedeutung von Voodoo

Voodoo, eine Religion und kulturelle Praxis mit tiefen historischen Wurzeln, hat weitreichende wirtschaftliche und politische Auswirkungen auf die Gesellschaften, in denen es praktiziert wird. In diesem Kapitel wird untersucht, wie Voodoo in verschiedenen Aspekten des wirtschaftlichen Lebens und der politischen Landschaft integriert ist und welche Rolle es im Tourismus, im Handel mit spirituellen Produkten und als politische Bewegung spielt.

Voodoo und der Tourismus

Der Tourismus ist einer der Bereiche, in denen Voodoo eine bedeutende wirtschaftliche Rolle spielt. Besonders in Ländern wie Haiti und Regionen wie New Orleans, wo Voodoo tief in der Kultur verwurzelt ist, zieht die Religion zahlreiche Touristen an. Reisende aus aller Welt kommen, um die einzigartigen Rituale, Zeremonien und kulturellen Ausdrucksformen des Voodoo zu erleben.

In Haiti hat der Voodoo-Tourismus eine doppelte Funktion. Einerseits generiert er wichtige Einnahmen für die lokale Wirtschaft, da Touristen für Führungen, Zeremonien und den Kauf von Souvenirs bezahlen. Andererseits bietet er eine Plattform für Voodoo-Praktizierende, ihre Kultur zu teilen und Missverständnisse und Vorurteile zu bekämpfen. Touristische Angebote wie Besuche von Voodoo-Zeremonien, Führungen zu heiligen Stätten und Workshops zur Herstellung traditioneller Voodoo-Kunsthandwerke ermöglichen es den Besuchern, einen tieferen Einblick in die Religion und ihre Bedeutung für die lokale Bevölkerung zu gewinnen.

In New Orleans spielt Voodoo ebenfalls eine zentrale Rolle im Tourismus. Die Stadt ist berühmt für ihre Voodoo-Touren, Museen und Festivals, die das kulturelle Erbe von Voodoo feiern. Orte wie das Voodoo Museum und Veranstaltungen wie das Voodoo Music + Arts Experience ziehen Tausende von Besuchern an und tragen zur lokalen Wirtschaft bei. Diese touristischen Aktivitäten fördern nicht nur das wirtschaftliche Wachstum, sondern tragen auch zur Erhaltung und Weitergabe der Voodoo-Traditionen bei.

Handel mit spirituellen Produkten

Der Handel mit spirituellen Produkten ist ein weiterer wichtiger wirtschaftlicher Aspekt von Voodoo. In vielen Regionen, in denen Voodoo praktiziert wird, gibt es Märkte und Geschäfte, die eine Vielzahl von Voodoo-Produkten anbieten. Diese reichen von handgefertigten Amuletten und Talismane bis hin zu Kräutern, Kerzen und Ritualgegenständen.

In Haiti, beispielsweise, sind die Voodoo-Märkte lebendige Orte, an denen Gläubige und Interessierte alles finden können, was sie für ihre spirituelle Praxis benötigen. Diese Märkte sind nicht nur wirtschaftlich bedeutend, sondern auch soziale Treffpunkte, an denen Wissen und Geschichten ausgetauscht werden. Die Herstellung und der Verkauf von Voodoo-Produkten bieten vielen Menschen eine Einkommensquelle und tragen zur wirtschaftlichen Stabilität der Gemeinschaften bei.

In den Vereinigten Staaten hat sich der Handel mit Voodoo-Produkten ebenfalls etabliert. Besonders in New Orleans gibt es zahlreiche Läden, die Voodoo-Kunst, Bücher, Kleidung und spirituelle Utensilien verkaufen. Diese Geschäfte bedienen sowohl lokale Gläubige als auch Touristen, die ein Stück der mystischen Kultur mit nach Hause nehmen möchten. Der Online-Handel hat diesen Markt erweitert und ermöglicht es Voodoo-Praktizierenden, ihre Produkte weltweit zu verkaufen.

Voodoo als politische Bewegung

Voodoo hat auch eine bedeutende politische Dimension. Historisch gesehen spielte Voodoo eine entscheidende Rolle im Widerstand gegen die Kolonialmächte und in den Kämpfen für die Unabhängigkeit. Ein bemerkenswertes Beispiel hierfür ist die Haitianische Revolution, in der Voodoo-Zeremonien und -Rituale den Sklaven als Mittel der Stärkung und des Zusammenhalts dienten. Die Religion bot nicht nur spirituellen Beistand, sondern auch eine symbolische und praktische Plattform für die Organisation des Widerstands.

In der modernen Politik bleibt Voodoo ein wichtiger Faktor in Haiti. Politische Führer erkennen oft die Bedeutung von Voodoo an und nehmen an Zeremonien teil, um die Unterstützung der Gläubigen zu gewinnen. Voodoo-Praktizierende und Priesterinnen (Mambos) spielen eine aktive Rolle in der Gemeinde und können erheblichen Einfluss auf die politische Meinungsbildung und die soziale Mobilisierung ausüben. Diese Einflussnahme zeigt sich in der Unterstützung von politischen Kampagnen, in der sozialen Aktivierung und in der Rolle als Vermittler in Gemeinschaftskonflikten.

Soziale Gerechtigkeit und Aktivismus

Neben der direkten politischen Beteiligung engagieren sich Voodoo-Gemeinschaften häufig auch in sozialen Gerechtigkeitsbewegungen. Sie setzen sich für die Rechte und das Wohlergehen ihrer Mitglieder ein, insbesondere in marginalisierten und wirtschaftlich benachteiligten Gebieten. Voodoo bietet einen Rahmen für soziale Solidarität und kollektives Handeln, der in vielen Gemeinschaften eine wichtige Rolle spielt.

In Haiti organisieren Voodoo-Praktizierende Gemeinschaftsprojekte zur Verbesserung der Lebensbedingungen, wie z.B. Gesundheitsinitiativen, Bildungsprogramme und Umweltprojekte. Diese Aktivitäten spiegeln das ethische und soziale Engagement wider, das tief in der Voodoo-Philosophie verankert ist. Der Glaube an die wechselseitige Verbundenheit aller Lebewesen und die Verantwortung, für das Wohl der Gemeinschaft zu sorgen, treibt diese Initiativen an.

Zusammenfassung:

Voodoo als integraler Bestandteil der Gesellschaft

Die wirtschaftliche und politische Bedeutung von Voodoo ist tief in der Struktur der Gesellschaften verankert, in denen es praktiziert wird. Durch seine Rolle im Tourismus, im Handel mit spirituellen Produkten und als politische Bewegung hat Voodoo einen erheblichen Einfluss auf die wirtschaftliche Entwicklung und die politische Landschaft. Es bietet nicht nur spirituelle Orientierung, sondern auch wirtschaftliche Möglichkeiten und eine Plattform für sozialen und politischen Aktivismus.

Voodoo zeigt, wie eine traditionelle Religion und Kultur nicht nur überleben, sondern auch gedeihen und in die modernen sozialen und wirtschaftlichen Strukturen integriert werden kann. Es ist ein lebendiges Beispiel dafür, wie spirituelle Praktiken zur Stärkung und Entwicklung von Gemeinschaften beitragen können, indem sie sowohl wirtschaftliche Stabilität als auch politische und soziale Gerechtigkeit fördern.

Durch die Anerkennung und Unterstützung von Voodoo können Regierungen und Organisationen die kulturelle Vielfalt und das Potenzial dieser traditionellen Praktiken nutzen, um nachhaltige und inklusive Entwicklungen zu fördern. Voodoo bleibt somit ein wesentlicher Bestandteil des sozialen Gefüges, der sowohl die Vergangenheit ehrt als auch eine dynamische Zukunft gestaltet.

Über den Autor

Lutz Spilker wurde im Jahre 1955 in Duisburg geboren.

Bevor er zum Schreiben von Romanen und Dokumentationen fand, verließen bisher unzählige Kurzgeschichten, Kolumnen und Versdichtungen seine Feder.

In seinen Büchern befasst er sich vorrangig mit dem menschlichen Bewusstsein und der damit verbundenen Wahrnehmung. Seine Grenzen sind nicht die, welche mit der Endlichkeit des Denkens, des Handelns und des Lebens begrenzt werden, sondern jene, die der empirischen Denkform noch nicht unterliegen.

Es sind die Möglichkeiten des Machbaren, die Dinge, welche sich allein in der Vorstellung eines jeden Menschen darstellen und aufgrund der Flüchtigkeit des Geistes unbewiesen bleiben. Die Erkenntnis besitzt ihre Gültigkeit lediglich bis zur Erlangung einer neuen und die passiert zu jeder weiteren Sekunde.

Die Welt von Lutz Spilker beginnt dort, wo zu Beginn allen Seins nichts Fassbares war, als leerer Raum. Kein Vorne, kein Hinten, kein Oben und kein Unten. Kein Glaube, kein Wissen, keine Moral, keine Gesetze und keine Grenzen. Nichts.

In Lutz Spilkers Romanen passieren heimtückische Morde ebenso wie die Zauber eines Märchens. Seine Bücher sind oftmals Thriller, Krimi, Abenteuer, Science Fiction, Fantasy und selbst Love-Story in einem.

»Ich liebe die Sprache: Sie vermag zu streicheln, zu liebkosen und zu Tränen zu rühren. Doch sie kann ebenso stachelig sein, wie der Dorn einer Rose und mit nur einem Hieb zerschmettern.«

In dieser Reihe sind bisher erschienen

Die Erfindung der Namen
Die Erfindung des Bewusstseins
Die Erfindung des freien Willens
Die Erfindung des Wahrsagens
Die Erfindung der Körpersprache
Die Erfindung des Schlafs
Die Erfindung der Sklaverei
Die Erfindung der Angst
Die Erfindung der Vernunft
Die Erfindung des Vollmonds
Die Erfindung des Vitamin B
Die Erfindung des Make-Up
Die Erfindung des Weihnachtsfestes
Die Erfindung des Ku-Klux-Klan
Die Erfindung des Träumens
Die Erfindung der Flaschenpost
Die Erfindung der Mafia
Die Erfindung der Freimaurer
Die Erfindung der Freibeuter
Die Erfindung der Raumfahrt
Die Erfindung der Tempelritter
Die Erfindung des ADHS-Syndroms
Die Erfindung der Homöopathie
Die Erfindung der Freizeitparks
Die Erfindung des Werwolfs
Die Erfindung des Astralkörpers
Die Erfindung des Zölibats
Die Erfindung des Herkules
Die Erfindung des Vampirs
Die Erfindung der Philosophie
Die Erfindung des Bieres
Die Erfindung des Ungeheuers von Loch Ness
Die Erfindung der Prä-Astronautik
Die Erfindung des Voodoo

MIX

Papier | Fördert
gute Waldnutzung

FSC® C083411

Zeitfracht Medien GmbH
Ferdinand-Jühlke-Straße 7
99095 Erfurt, Deutschland
produktsicherheit@kolibri360.de